DU

DROIT DES GENS

EN TEMPS DE GUERRE

PARIS. — IMPRIMERIE L. BAUDOIN ET Ce, RUE CHRISTINE, 2.

DU

DROIT DES GENS
EN TEMPS DE GUERRE

PAR

M. ANDRÉ MARIOTTI

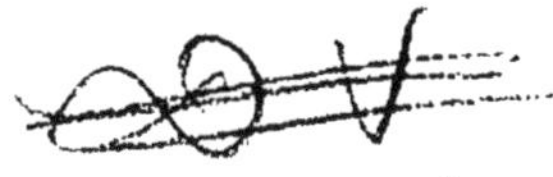

PARIS

IMPRIMERIE MILITAIRE DE L. BAUDOIN ET Cie

LIBRAIRES-ÉDITEURS

SUCCESSEURS DE J. DUMAINE

30, Rue et Passage Dauphine

—

1883

DROIT DES GENS

EN TEMPS DE GUERRE

CHAPITRE PREMIER

Du droit des gens. — Application du droit des gens à la guerre. — Influence des progrès de la science sur l'art de la guerre et de ceux de la civilisation sur ses effets. — Sanction du droit des gens.

Le droit des gens (*jus gentium*), droit des nations ou droit international, s'entend du système des lois, traités, règlements ou coutumes qui régissent les peuples entre eux.

Les rapports entre les États sont de diverses natures, à chacune desquelles correspond une sorte de législation spéciale.

La paix, la guerre, donnent naissance au *droit des gens en temps de paix* et au *droit des gens en temps de guerre*; enfin, lorsqu'il y a guerre, à côté des pays qui se combattent, il y a des peuples qui restent étrangers à la lutte, de là des règles pour le *droit des neutres.*

Nous ne nous occuperons dans ce travail que du *droit des gens en temps de guerre.*

« La guerre est la lutte que soutient une nation pour défendre par la force des armes des droits menacés par une autre nation, qu'il s'agisse de son honneur, de l'intégrité de ses frontières ou de la revendication d'une chose quelconque qui lui est justement due (1). »

« La vie des États est comme celle des hommes, a dit Montesquieu ; ceux-ci ont le droit de tuer dans le cas de défense naturelle, ceux-là ont le droit de faire la guerre pour leur propre conservation..... Entre les sociétés, le droit de la défense naturelle entraîne quelquefois la nécessité d'attaquer lorsqu'un peuple voit qu'une plus longue paix en mettrait un autre en état de le détruire, et que l'attaque est, dans ce moment, le seul moyen d'empêcher cette destruction. »

La guerre procède donc de la contradiction des intérêts respectifs des États ; elle éclate lorsque,

______

(1) *Le droit de la guerre,* par le professeur Dahn, traduit de l'allemand par le lieutenant Prim, de l'armée belge.

les règles du droit des gens du temps de paix étant méconnues, mal interprétées ou insuffisantes pour trancher les conflits qui s'élèvent entre deux nations, les peuples n'ont plus d'autre moyen que de recourir à la lutte armée pour savoir lequel d'entre eux, étant le plus fort, pourra, en raison de sa force, imposer sa volonté aux autres. Et ce droit de recourir à la force est aussi indispensable aux nations pour leur police extérieure, que le droit de rendre la justice est indispensable pour la sécurité intérieure d'un État.

Loin de nous la pensée de défendre cette maxime célèbre : « La force prime le droit ».

Mais on ne peut nier que la force, qui devrait être toujours la résultante du droit, en est l'appui, la sanction, la consécration ; dans l'origine des sociétés, c'est elle qui l'a créé, et sans elle il ne serait encore qu'une chimère.

Le droit manque de son effet extérieur s'il n'a pas la force pour l'assister ; cette force, quand il s'agit de la guerre entre nations civilisées, n'est d'ailleurs pas purement matérielle.

Elle représente les énergies intellectuelles et morales, la puissance productive des pays qui prennent part à la lutte ; elle montre leurs qualités civiles comme leur industrie, leur génie organisateur comme leurs vertus patriotiques ; la guerre est devenue une science soumise à des règles fixes, dont on ne saurait plus s'écarter, et progressant du progrès de toutes les autres sciences.

Autrefois la difficulté de réunir et d'approvisionner des troupes nombreuses, résultant de l'insuffisance même des moyens de communication, obligeait à restreindre autant que possible les effectifs des armées en campagne.

Turenne regardait une armée de plus de 50,000 hommes « comme incommode pour qui la commande et pour qui la compose » ; le maréchal de Saxe pensait qu'une armée ne devait jamais dépasser le chiffre de 40,000 hommes, sous peine d'être peu maniable ; le maréchal de Gouvion-Saint-Cyr estimait qu'une armée de 100,000 combattants exige de telles forces morales et physiques, qu'on ne peut espérer les trouver réunies dans un seul homme.

La plus grande bataille du siècle de Louis XIV est celle de Malplaquet, où 120,000 Français, commandés par le maréchal de Villars, furent écrasés par 140,000 alliés, sous les ordres de Malborough et du prince Eugène.

Diriger une masse aussi lourde était au-dessus du grand génie de Villars ; ni les Créquy, ni les Vendôme, ne purent faire mieux que lui, et c'est à peine si le maréchal de Luxembourg osa se servir d'une armée aussi nombreuse.

C'est avec 32,000 hommes seulement que le général Bonaparte entreprend la campagne d'Égypte en 1798, avec 40,000 hommes qu'il franchit les Alpes en 1800, avec 28,000 soldats qu'il gagne la bataille de Marengo. — C'est avec 180,000 hommes que Napoléon entreprend sa mémorable campagne de 1805 contre l'Autriche, la Suède, l'Angleterre et la Russie ; c'est avec moins de 200,000 combattants qu'il tient tête à la Prusse et à la Russie en 1806 et en 1807. A Austerlitz, il est victorieux avec 65,000 hommes, à Iéna avec 56,000, à Eylau avec 63,000 ; et c'est dans ces journées immortelles que son génie se manifeste avec le plus d'éclat ; Wagram, Bautzen, Leipzig, luttes gigantesques où 130,000 à 150,000 Français se trouvent en présence de masses au moins égales (1), font peut-être moins d'honneur, en effet, à son immense génie, que ses victoires d'Italie, d'Égypte, d'Autriche, de Prusse et de France, obtenues avec des effectifs de beaucoup inférieurs numériquement ; et on peut appliquer ici ce mot de M. Henri Martin (2), relatif à une autre époque : « Il semble que les résultats s'amoindrissaient à mesure que les armées augmentaient. »

(1) A Wagram, l'Empereur dispose de 150,000 hommes contre 140,000 ; à Bautzen, de 130,000 contre 150,000 ; à Leipzig, de 130,000 contre 300,000 alliés.

(2) Henri Martin, *Histoire de France*, t. XIV, p. 18.

1.

Les grandes inventions de notre siècle sont venues transformer l'art de la guerre : les généraux peuvent aujourd'hui combiner des mouvements plus étendus, exécuter de grandes concentrations de troupes avec rapidité et précision, établir des relations faciles entre les armées en campagne et les bases d'opérations comme entre les corps éloignés agissant de concert sur un même champ de bataille.

En même temps que les grandes armées sont devenues plus maniables, les effectifs se sont accrus et ont atteint des proportions qui, il y a seulement vingt ans, auraient pu paraître invraisemblables.

Et cependant, ces masses envahissantes, aussi puissantes par leur nombre que par leur organisation, ont été pour nous des réalités douloureuses. Nous avons vu l'Allemagne jeter en quelques jours dix-huit corps d'armée de 35,000 hommes sur notre frontière, mettre ces corps en marche dans un ordre parfait, les pourvoir de tout en abondance, établir de promptes et faciles relations avec leurs dépôts, si éloignés qu'ils fussent, et faire combattre ces masses énormes, sans confusion ni désordre, sur des champs de bataille si étendus qu'aucun regard ne pouvait les embrasser.

De plus, les perfectionnements apportés dans les machines de guerre ont amené dans la tactique du combat des changements considérables. Les tirs de l'artillerie atteignent maintenant des portées immenses; les tirs de mousqueterie acquièrent sur l'arme blanche une prépondérance de plus en plus marquée, et ces conditions nouvelles de la lutte réclament une préparation constante à la guerre.

Cette nécessité d'une préparation constante s'impose « à titre de réciprocité » à tous les États, et c'est ainsi qu'à une époque où tous les rhéteurs gonflent leurs périodes oratoires par l'apologie de la paix, la réclament à tout prix, quelquefois même sans souci de l'honneur du pavillon, les armées augmentent, les arsenaux se remplissent, et une étincelle suffirait pour amener une conflagration générale.

On peut très certainement gémir que l'humanité en soit encore réduite à recourir aux armes pour régler les différends entre nations; mais l'histoire est là pour nous montrer que la paix perpétuelle n'est qu'un beau rêve, un rêve séduisant, caressé par tous les philosophes comme par toutes les mères, mais qui s'est toujours terminé par un horrible réveil. Tous les peuples ont guerroyé depuis les premiers âges que les légendes nous dévoilent; l'histoire de la guerre est celle du monde lui-même; la marche de l'univers n'est qu'un éternel combat, et la guerre, l'un des plus terribles éléments de l'ordre du monde, ne s'éteindra qu'avec lui.

« Résultat inévitable du jeu des passions humaines dans les rapports des nations entre elles, la guerre, dans les desseins de la Providence, est un agent puissant dont elle use, tantôt comme instrument de dommage, tantôt comme instrument réparateur. La guerre fonde et renverse, détruit et reconstruit les États. Tour à tour féconde en calamités et en améliorations, retardant, interrompant ou accélérant les progrès ou le déclin, elle imprime à la civilisation ce mouvement fatidique qui met alternativement en action toutes les puissances et facultés de la nature humaine, par lequel se succèdent et se mesurent la durée des empires et la prospérité des nations (1). »

C'est qu'en effet si la paix est le bien suprême vers lequel doivent tendre toutes les aspirations des peuples, il faut reconnaître aussi que la continuité du repos est fatale à l'homme et partant aux nations.

Lorsque le goût de l'aisance se répand, l'enthousiasme se perd. On devient sage et plat, on rapporte tout au petit moment de son existence et de sa durée, *Ubi bene, ubi patria :* La patrie n'est plus que là où est le bien-être. L'amour-propre, l'honneur, deviennent mots vides de sens. Il faut jouir avant tout, et celui qui

(1) Portalis, *De la guerre considérée dans ses rapports avec les destinées du genre humain.*

vient parler de l'amour de la patrie fait sourire de pitié.

Il faut apprendre à souffrir pour apprendre à aimer, et, comme tous les amours profonds, l'amour de la patrie, le plus sacré et le plus saint de tous les amours, puisqu'il les renferme tous, « est un dévouement et non une exigence; il se nourrit de sacrifices et non de faveurs; il ne constitue pas pour celui qui en est pénétré un droit, mais un devoir; il ne rend pas le pays tributaire des services, il lève un tribut de services au profit du pays; il n'établit pas le privilège de subordonner tous les intérêts à un intérêt particulier, mais il impose l'engagement de sacrifier au bien de tous son propre bien (1) ».

Pour comprendre un tel sentiment, il faut être vaillant et fort; et quand il s'est endormi dans le cœur d'un peuple, la guerre est l'aiguillon salutaire qui seul peut le réveiller.

Notre glorieuse histoire nationale nous montre comment les guerres qui ont le double caractère du droit et de la nécessité, en arrachant la société aux délices dangereuses d'une longue paix, retrempent les caractères et refont leur virilité; comment aussi, à toutes les époques de crise, le sentiment du

(1) Général Blondel, *Coup d'œil sur les devoirs et l'esprit militaire.*

devoir envers la patrie a exalté le pays tout entier. Pendant les luttes innombrables qu'eurent à soutenir nos premières monarchies, pour fonder et étendre l'honneur du nom français, tout aussi bien que pendant la période des guerres plus récentes, nous voyons se manifester la même inclination au dévouement, le même dédain des intérêts matériels, le même mépris de la vie; et lorsqu'on relit ces pages sublimes, le cœur se fortifie de toute la force de nos devanciers.

Au récit de tous ces grands dévouements de toutes les époques de la France, notre amour pour elle s'accroît encore de toute l'admiration qu'ils nous inspirent, et nous prenons confiance dans l'immortalité de sa grandeur par notre foi dans son passé.

Trop souvent, dans ces derniers temps, on a voulu chercher à l'étranger des modèles de talent ou d'héroïsme, comme si toute notre histoire n'était pas là pour mettre en parallèle avec les exemples de tous les temps et de tous les pays, ses savants, ses héros, ses martyrs. Rome et la Grèce n'ont pas eu plus en partage le monopole du patriotisme que nos ennemis d'hier n'avaient celui de la science et du courage; si nos défaites de 1870-1871 sont là pour nous rappeler nos malheurs, le temps d'Iéna est bien près de nous encore, pour nous rappeler notre gloire, et les fils n'ont qu'à se souvenir des exemples donnés par leurs pères pour que notre patrie reste toujours la grande et belle France.

Le système de guerre actuel est, de la part des philosophes, ou plutôt, suivant la juste expression de Guibert, des gens faisant profession de philosopher, l'objet de ce grand reproche, qu'il impose la nécessité d'entretenir constamment des armées nombreuses et entraîne par ce fait des dépenses inouïes pour les États. Mais il suffit de lire l'histoire pour reconnaître, cependant, que ce système de guerre, en même temps qu'il est plus savant, est moins destructeur, moins calamiteux, plus conservateur de la paix que quelque autre système antérieur, par suite même des dépenses préparatoires qu'il nécessite.

Quand la guerre était facile à faire, quand elle n'exigeait que peu d'avances, quand il ne fallait pour l'entreprendre que rassembler les hommes et courir à l'ennemi, alors on s'échauffait pour des motifs légers, on obéissait à un premier mouvement, on déclarait la guerre et on la faisait comme un particulier mettait alors l'épée à la main pour repousser une offense. Mais de notre temps la guerre est si difficile à entreprendre, elle offre des perspectives de succès si incertaines, que les peuples hésitent longtemps à s'y déterminer et que les congrès diplomatiques se multiplient.

« Par la même raison que les guerres étaient

autrefois plus fréquentes, elles étaient plus longues; et par la même raison qu'elles sont aujour-
d'hui plus rares, elles sont aujourd'hui plus courtes.
Ces résultats en apparence si opposés sont la suite
de la différence des moyens qu'on employait alors
et de ceux qu'on emploie aujourd'hui. Alors on
agissait avec peu de forces à la fois et, par conséquent, avec peu d'efforts; de là on pouvait répéter
ces efforts et les prolonger longtemps. Aujour-
d'hui, on agit avec des forces immenses et, par
conséquent, avec d'immenses efforts. Ils doivent
donc bientôt s'épuiser, et donner le besoin de se
reposer longtemps. »

Cet alinéa, que j'extrais des œuvres du comte de
Guibert, date du XVIIIe siècle; sa vérité s'impose
chaque jour à notre entendement; et jamais autant qu'à notre époque n'a été vrai le vieil adage :
Si vis pacem, para bellum.

En même temps que les guerres deviennent
moins fréquentes, l'influence de la civilisation, ses
progrès toujours croissants, la manière nouvelle
dont l'instruction est répandue dans les masses,
l'établissement du service militaire obligatoire, qui
fait entrer les classes instruites dans l'armée, sont
autant de causes qui amènent peu à peu une trans-
formation heureuse et progressive dans les événements de la guerre. D'un autre côté, les grands
principes du droit international s'imposant chaque
jour davantage aux différents peuples rendront les

guerres de jour en jour plus rares en même temps qu'ils en amoindriront les funestes effets.

« Il faut accepter la guerre et les armées comme d'inévitables agents de conservation et de progrès, et borner notre ambition à rendre la guerre moins fréquente, moins cruelle, et les armées moins nombreuses, plus intelligentes, plus morales, afin que l'humanité ait moins de sacrifices à faire, moins de douleurs à subir, moins de sang et de larmes à verser. Sur ce terrain pratique, l'homme d'État, le philosophe et le militaire peuvent se donner la main avec l'espoir d'aboutir à un résultat utile et durable (1). »

Dans une lettre devenue célèbre, dont nous reproduisons ci-après quelques extraits, l'illustre feld-maréchal général comte de Moltke semble mettre en doute la possibilité d'une réglementation des lois de la guerre (2).

« Berlin, 11 décembre 1880.

« Avant tout, j'apprécie pleinement les efforts philanthropiques faits pour adoucir les maux qu'entraîne la guerre. . . . .

(1) Général Brialmont, conférence du 16 décembre 1875 à l'Académie royale de Belgique.

(2) Lettre du 11 décembre 1880, du feld-maréchal général comte de Moltke à M. le professeur Blantschli, de l'Institut de droit international.

« Je suis encore absolument d'accord que l'adoucissement gradué des mœurs doit se refléter aussi
dans la manière de faire la guerre. Mais je vais
plus loin, et je crois que l'adoucissement des
mœurs est seul en état de mener au but, lequel ne
saurait être atteint au moyen d'un droit de guerre
codifié. Toute loi suppose une autorité pour en
surveiller et diriger l'exécution, et c'est ce pouvoir qui fait défaut. Quant à l'observation des
conventions internationales, quels États tiers
prendront jamais les armes pour le seul motif que,
deux puissances étant en guerre, les « lois de la
« guerre » ont été violées par l'une d'elles ou par
toutes les deux? Pour ces genres d'infraction, il
n'y a pas de juge ici-bas.

« Le progrès ne peut venir que de l'éducation
religieuse et morale des individus, et du sentiment
d'honneur, du sens de justice des chefs, qui s'imposent eux-mêmes la loi et s'y conforment autant
que le permettent les circonstances anormales de
la guerre.

« Cela étant, il faut bien reconnaître aussi que
le progrès de l'humanité dans la manière de faire
la guerre a réellement suivi l'adoucissement des
mœurs. Que l'on compare seulement les horreurs
de la guerre de Trente ans avec les luttes des
temps modernes !

« Un grand pas a été fait de nos jours par l'établissement du service militaire obligatoire, qui

fait entrer les classes instruites dans les armées. Les éléments grossiers et violents en font sans doute toujours partie; mais ils n'y sont plus seuls comme jadis.

« En outre, les gouvernements possèdent deux puissants moyens de prévenir les pires excès : la discipline rigoureuse maintenue en temps de paix, et dont le soldat a pris l'habitude; et la vigilance de l'administration, qui pourvoit à la subsistance des troupes en campagne.

« Si cette vigilance fait défaut, la discipline ne saurait être maintenue qu'imparfaitement. Le soldat qui endure des souffrances, des privations, des fatigues, qui court des dangers, ne peut pas ne prendre « qu'en proportion des ressources du pays » ; il faut qu'il prenne tout ce qui est nécessaire à son existence. On n'a pas le droit de lui demander ce qui est surhumain.

« Le plus grand bienfait de la guerre, c'est qu'elle soit terminée promptement. Il doit être permis, en vue de ce but, d'user de tous les moyens, sauf de ceux qui sont positivemenl condamnables. Je ne puis, en aucune façon, me dire d'accord avec la déclaration de Saint-Pétersbourg, lorsqu'elle prétend que l'affaiblissement des forces militaires de l'ennemi constitue le seul mode légitime de procéder dans la guerre. Non, il faut attaquer toutes les ressources du gouvernement ennemi, ses finances, ses chemins de fer, ses approvisionnements et même son prestige.

« C'est avec cette énergie, et pourtant avec plus de modération que jamais auparavant, qu'a été conduite la dernière guerre contre la France. Le sort de la campagne était décidé au bout de deux mois, et les combats n'ont pris un caractère d'acharnement que lorsqu'un gouvernement révolutionnaire a encore prolongé la guerre pendant quatre mois, pour le malheur du pays. »

Avec tout le respect que nous inspire l'auteur de cette lettre, nous nous permettons, cependant, de dire que cette réglementation des lois de la guerre, dont il semble nier la possibilité, est cependant le résultat tangible des grands progrès qu'il reconnaît lui-même, accomplis par l'humanité dans les manières de faire la guerre.

Bien plus, si les origines du droit international, l'absence des garanties nécessaires pour assurer l'exécution des principes qu'il pose, nous permettent de voir immédiatement toutes les *lacunes* de ce droit, l'histoire de la civilisation tout entière démontre qu'on ne peut cependant en violer impunément les préceptes et en méconnaître les règles, car il a une sanction.

Cette sanction se trouve dans l'enchaînement des causes et de leurs effets; car dans la vie des peuples plus encore que dans celle de l'homme, toute faute est immanquablement suivie de son châtiment; et s'il se peut que la durée d'une existence individuelle soit trop courte pour que les conséquences d'une faute, qui l'a entachée, aient pu éclater au grand jour, s'il peut arriver que le coupable jouisse quelquefois dans ce monde de l'impunité, il n'en est pas de même des nations, car elles vivent toujours assez longtemps pour ne pas pouvoir se soustraire aux conséquences de leurs actes.

L'histoire du monde nous fait voir, dès l'origine des sociétés, les empires les plus puissants succomber sous les conséquences du droit des gens qu'ils avaient méconnu. Dans les temps plus modernes, sans vouloir entrer absolument dans une actualité trop parlante, les faits portent un enseignement plus évident encore, et, comme exemple, nous prendrons cette page éloquente de l'illustre auteur de l'histoire de la civilisation en France (1) :

« Au XVIᵉ siècle, Charles-Quint promène son ambition et sa force sur toute l'Europe, sans respect ni pour la paix, ni pour l'indépendance des États, ni pour les droits traditionnels des princes

(1) Guizot, *Mémoires*, t. Iᵉʳ, chap. XVII.

et des nations; il tente sinon la monarchie, du moins la domination européenne; il se lasse et se dégoûte à la peine, et il lègue à l'Europe le règne de Philippe II, qui, poursuivant à son tour, sans génie comme sans cœur, les mêmes prétentions, laisse, en mourant, la monarchie espagnole au dehors dépouillée de ses plus belles provinces, au dedans énervée et frappée de stérilité. Au xvii⁰ siècle, Louis XIV, abandonnant la politique mesurée de Henri IV, reprend encore avec plus d'éclat le rêve de Charles-Quint, et viole arrogamment, tantôt envers les princes, tantôt envers les nations, les principes du droit public de la chrétienté; après les plus brillants succès, il se trouve hors d'état de porter le fardeau qu'ils lui ont fait; il obtient à grand'peine de l'Europe une paix aussi triste que nécessaire, et il meurt laissant la France épuisée et presque contrainte de se renfermer, pendant plus d'un demi-siècle, dans la politique extérieure la moins fière et la plus inerte. Nous avons vu, sur une échelle plus grande encore, les mêmes emportements de l'ambition humaine aboutir aux mêmes ruines. Quelle n'a pas été en Europe la puissance de la Révolution française, tantôt anarchiquement déchainée par les assemblées populaires, tantôt despotiquement maîtrisée par l'empereur Napoléon! Elle a, sous l'une et l'autre forme, remporté les plus éclatants triomphes; mais, en triomphant, elle a foulé aux

pieds les principes, les traditions, les établissements du droit public européen; et après vingt-
cinq ans de domination aveuglément hautaine,
elle s'est vue obligée d'acheter bien chèrement la
paix de cette Europe théâtre et matière de ses
conquêtes. Dans le cours de trois siècles, les plus
grands de l'histoire, trois empires, les plus grands
qu'ait vus le monde, sont tombés dans une rapide
décadence pour avoir insolemment méprisé et
violé le droit public européen et chrétien; trois
fois ce droit, après avoir subi les échecs les plus
rudes, s'est relevé plus fort que le génie et la
gloire. »

Oublierons-nous aussi qu'au XVIIIᵉ siècle, en
faisant peser sur les autres nations l'ascendant le
plus impérieux et le plus accablant qui eût jamais
été exercé en Europe, la France amassa contre
elle de terribles ressentiments, et provoqua une
réaction qui bientôt éclata de toutes parts avec
une intensité sans égale? La conduite du roi envers
la Hollande révolta le sentiment public dans le
monde entier. L'incendie du Palatinat chassa de
leurs foyers 100,000 habitants qui vinrent demander vengeance à l'Allemagne. Les dragonnades et
la révocation de l'édit de Nantes peuplèrent l'Empire, la Hollande et l'Angleterre, d'autres malheureux, qui éprouvaient les mêmes ressentiments.

Aujourd'hui la guerre a ses lois, ses conditions

légales d'action, comme la paix a les siennes. Le vieil adage *Inter arma silent leges* n'existe plus, et si les nécessités de la lutte imposent encore silence à certaines lois du temps de paix, on n'en voit pas moins resplendir avec une netteté et une vigueur indiscutables les préceptes et les doctrines qui résultent de la notion impérissable du droit et du devoir que Dieu a mise dans la conscience de l'homme, et partant dans l'esprit des nations.

Il n'y a pas encore, il est vrai, un *Code* des lois de la guerre; mais il y a des préceptes posés par la morale humaine, découlant de l'idée naturelle et divine de l'équité, et dont il est impossible de ne pas reconnaître la force obligatoire tracée par des lignes non équivoques.

Deux principes dominent et dirigent le droit des gens en temps de guerre. L'un est un principe de nécessité, *salus populi suprema lex*, qui justifie souvent l'emploi des moyens les plus violents pour atteindre le but de la guerre, mais qui n'en doit pas moins être tempéré quand même, et toujours par des considérations d'humanité. L'autre est un principe d'humanité d'après lequel la guerre, se faisant entre États, ne doit pas s'étendre aux populations paisibles, mais qui doit à son tour subir des rectrictions dictées par la loi de nécessité.

« Dans beaucoup de circonstances, l'application

littérale de l'un ou de l'autre de ces deux principes n'offre guère de difficultés, et le fait seul que les règles de la nécessité peuvent être très dures dans l'application ne suffit pas pour soutenir qu'elles n'existent pas. Mais la véritable difficulté naît lorsqu'on se trouve en présence de cas encore indécis ou entièrement nouveaux, où la loi de nécessité paraît en conflit avec la loi d'humanité.

« Suivant leurs tendances vers l'une ou vers l'autre de ces lois, et souvent aussi, il faut bien le reconnaître, suivant la nationalité à laquelle ils appartiennent, les publicistes aboutissent à des conclusions assez divergentes sur de nombreuses questions (1). »

Mais nous n'avons pas à entrer ici dans ces discussions dogmatiques ; nous voulons indiquer seulement les règles générales du droit des gens, ses points essentiels, les lois qui en résultent et contre lesquelles aucun peuple civilisé ne peut s'élever sans soulever l'opprobre des nations.

Le premier ouvrage dans lequel les principes du droit international sur la guerre ont été formulés est le *Traité du droit de la guerre et de la paix*, de Hugo Grotius. Ensuite viennent le *Droit des gens*, de Vattel ; l'*Esprit des lois*, de Montesquieu ; le *Précis du droit des gens modernes de l'Europe*,

---

(1) Colonel de Savoye.

de de Martens, et le *Droit public interne et ex-
terne*, de Pinheiro-Ferreira, son commentateur.

Les guerres qui ont éclaté depuis une vingtaine
d'années ont donné lieu à d'importants travaux
sur ce sujet, et parmi lesquels nous citerons prin-
cipalement :

En Amérique, les *Instructions pour les armées
en campagne des États-Unis*, qui furent rédigées
à l'occasion de la guerre dite de sécession, par le
docteur Lieber, sur la demande du ministre de la
guerre Stanton et sous la présidence de Lincoln.
Citons encore l'*Histoire du progrès du droit des
gens*, de Weaton ;

En Allemagne, le *Droit international codifié*,
par M. le professeur Bluntschli (traduit par
M. Lardy) ; le *Droit international*, de M. Heffter
(trad. Bergson) ; le *Droit de la guerre*, par M. le
professeur Dahn (traduit par M. Prim, lieutenant
de l'armée belge) ;

En France, les *Lois relatives à la guerre*, par
M. Achille Morin, conseiller à la Cour de cassa-
tion, 1792 ; le *Droit international théorique et
pratique*, par Calvo ; le *Précis du droit des gens*,
par MM. Funck-Brentano et Albert Sorel, 1877 ;

Le *Manuel de droit international à l'usage des
officiers de l'armée de terre*, 1867 ;

En Belgique, divers articles publiés en 1870,
1871 et 1872, par la *Revue de droit international
et de législation comparée*.

Si l'honneur revient aux illustres écrivains que nous venons de citer d'avoir posé les bases du droit des gens en temps de guerre, de l'avoir défini, étudié et discuté, l'honneur de l'avoir vulgarisé et fait admettre par les puissances civilisées revient aussi à la *Société internationale pour l'amélioration du sort des prisonniers de guerre*, fondée en France en juin 1872, et placée sous la haute protection de S. M. l'empereur de Russie, et à l'*Institut de droit international*.

En 1874, la Société pour l'amélioration du sort des prisonniers de guerre s'adressa à tous les cabinets d'Europe, d'Asie et d'Amérique, pour leur demander d'envoyer des délégués à une conférence qui devait s'ouvrir à Paris le 18 mai, en vue de soumettre à leur examen un travail destiné à fixer les principes d'un règlement international ayant trait à la situation des armées et des populations en temps de guerre, et spécialement à celle des militaires qui tombent en captivité.

Une œuvre qui se présentait avec un caractère aussi élevé devait attirer l'attention d'un souverain qui s'est toujours préoccupé des hautes questions de civilisation et d'humanité ; une lettre de S. A. le prince Gortschakoff à S. Exc. le prince Orloff, en date de Saint-Pétersbourg, le 6/18 avril 1874, avait pour objet d'informer M. le comte d'Houdetot que le czar avait daigné accueillir le projet émanant de cette Société, dont il était le président, avec une satisfaction d'autant plus vive que Sa Majesté Impériale avait déjà donné l'ordre de mettre à l'étude un projet analogue conçu dans le même esprit, mais sur un plan plus général.

Cette coïncidence étant aux yeux du cabinet de Saint-Pétersbourg un témoignage de l'opportunité d'un semblable règlement, il voulait bien témoigner le désir que les deux projets fussent fondus en un seul qui serait soumis à l'examen d'une réunion de plénipotentiaires spéciaux, et servirait de base à un règlement général des rapports internationaux en temps de guerre.

La Société s'empressa d'exprimer au prince Orloff sa profonde reconnaissance pour une marque aussi flatteuse de particulière bienveillance, et, afin de rendre un respectueux hommage aux généreuses intentions du czar, elle n'hésita pas à renoncer à sa conférence préparatoire, à laquelle plusieurs États avaient déjà donné leur adhésion.

M. le comte d'Houdetot eut l'honneur d'être reçu, le 7 mai 1874, à Stuttgard, par S. A. le prince Gortschakoff, qui l'informa que le cabinet impérial venait de proposer à tous les gouvernements européens la réunion à Bruxelles, le 15/27 juillet suivant, d'une conférence diplomatique chargée d'arrêter les termes d'un règlement général des rapports internationaux en temps de guerre, et lui donna la nouvelle assurance que le projet, dont il est l'auteur, et qui a été discuté et adopté par la Société pour l'amélioration du sort des prisonniers de guerre, serait joint à celui du cabinet de Saint-Pétersbourg et présenté à la réunion officielle de Bruxelles.

Le prince Gortschakoff autorisa le comte d'Houdetot à informer les cabinets d'Asie et d'Amérique, qui avaient été priés de se faire représenter à la conférence préparatoire de Paris, que, s'il entrait dans leurs vues de prendre part à celle de Bruxelles, leurs délégués y seraient reçus avec empressement (1).

Le projet de la Société, établi à l'aide de longues recherches dans les archives diplomatiques et militaires de tous les peuples se rattachant plus spécialement à la question des prisonniers de guerre, détermine les droits et les devoirs des belligérants envers les troupes et les habitants de l'État ennemi, ses administrateurs, ses magistrats; précise les ruses de guerre interdites; enjoint le respect de la propriété privée, protège les populations; définit les devoirs des États neutres à l'égard des belligérants, la situation des volontaires et des troupes étrangères à la solde des États, ainsi que les conditions de la levée en masse; traite de l'espionnage, des reconnaissances, des messagers; demande la suppression des otages; fixe les devoirs des belligérants à l'égard des

____

(1) *Moniteur universel* du 27 mai 1874.

2.

troupes qui déposent les armes et des militaires non combattants, les conditions de l'internement ; réglemente la mise en liberté des prisonniers ; fixe une rétribution pour leurs travaux, les exclut de toute participation à l'établissement d'ouvrages se rattachant à la défense de l'État ennemi ; établit les mesures à prendre pour le transport des prisonniers dans le lieu où ils doivent subir leur captivité ; s'étend sur l'organisation des dépôts, l'entretien des prisonniers, leur échange, leur rapatriement, la répartition des secours qui leur sont destinés ; règle la police et la discipline des dépôts ; et, enfin, consacre un chapitre spécial à la question si délicate de la liberté sur parole. Cet important travail est le complément naturel du projet de règlement général préparé par le cabinet de Saint-Pétersbourg.

Les membres du comité exécutif de la Société pour l'amélioration du sort des prisonniers de guerre, dont la généreuse initiative obtint un aussi éclatant succès et dont les noms resteront attachés à cette grande œuvre, appartiennent à toutes les nationalités ; quelques-uns furent délégués par leurs gouvernements à la conférence de Bruxelles. La Russie fut représentée dans ce comité par S. A. le prince Souwarow, général aide de camp de l'empereur ; la France, par le comte d'Houdetot, président-rapporteur, le vicomte de Croismare, M. F. Franchet d'Esperey, M. Henri

Musson, M. Jaunez-Sponville; l'Angleterre, par les lords Beaumot et Eliot, l'honorable Alan Herbert, le major de Haveland; l'Allemagne, par M. E. de Bunsen, chambellan de l'empereur; les États-Unis, par M. O'Sullivan, ancien ministre en Portugal; l'Amérique du Sud, par M. E.-M. Torres Caïcedo, ministre plénipotentiaire du Salvator; l'Autriche, par le baron Adhémar von Linden, secrétaire général; la Bavière, par le baron de Linden, chambellan du roi; le Danemark, par M. Paul Calon, consul général; l'Espagne, par S. E. don Arturo de Marcoartu; la Grèce, par le commandant Nicolaïdis; l'Italie, par le docteur d'Ancona; les Pays-Bas, par M. Charles Arnould; la Suède et la Norvège, par M. Charles Brostrœm; la Suisse, par M. Henry Dunant, secrétaire international.

Bien que les gouvernements n'aient pas ratifié le projet issu de la conférence de Bruxelles de 1874, ce document ne doit pas moins être considéré comme une attestation solennelle du bon vouloir de chacun d'entre eux à fixer et à rendre obligatoires les principes de justice qui dirigent la conscience publique, et qui se manifestent par les coutumes générales.

Depuis 1874, les idées ont eu le temps de mûrir par la réflexion et par l'expérience, et il est devenu moins difficile qu'alors de tracer des règles acceptables pour tous les peuples.

C'est la mission que s'est proposé l'« Institut de droit international ».

Cette association est exclusivement scientifique et sans caractère officiel.

Elle a pour but de favoriser le progrès du droit international :

1º En travaillant à formuler les principes généraux de la science, de manière à répondre à la conscience juridique du monde civilisé;.....

2º En poursuivant la consécration officielle des principes qui auront été reconnus comme étant en harmonie avec les besoins des sociétés modernes.

L'Institut ne propose pas un traité international qui, peut-être, serait prématuré, ou tout au moins encore fort difficile à obtenir quant à présent; mais tenu par ses statuts de travailler, entre autres choses, à l'observation des lois de la guerre, il a préparé un *Manuel* propre à servir de base dans chaque État à une législation nationale, conforme à la fois aux progrès de la science juridique et aux besoins des armées civilisées (1).

Ce Manuel a été élaboré par une commission aux travaux de laquelle ont participé :

(1) *Les Lois de la guerre*, Manuel publié par l'Institut de droit international. Bruxelles, 1880. Librairie Muquardt.

MM.

M. Bernard (Grande-Bretagne),
J.-C. Bluntschli (Allemagne),
Den Beer Pootugael (Pays-Bas),
W.-E. Hall (Grande-Bretagne),
T.-E. Holland (Grande-Bretagne),
N. de Landa (Espagne),
Ch. Lucas (France),
F. de Martens (Russie),
L. Neumann (Autriche),
A. Pierantoni (Italie),
A. Rivier (Suisse),
H. Schulze (Allemagne),
G. Moynier (Suisse), rapporteur.

Il a été adopté, à l'unanimité, par l'Institut de droit international, en séance plénière, à Oxford, le 9 septembre 1880.

On n'y trouvera pas, au surplus, de téméraires hardiesses. L'Institut, en le rédigeant, n'a pas cherché à innover ; il s'est borné à préciser, dans la mesure de ce qui lui a paru admissible et pratique, les idées reçues de notre temps, et à les codifier.

En agissant ainsi, il a pensé rendre service aux militaires eux-mêmes. En effet, tant que les exigences de l'opinion demeurent indéterminées, les belligérants sont exposés à des incertitudes pénibles et à des récriminations sans fin. Une réglementation positive, au contraire, si elle est judicieuse, loin d'entraver les belligérants, sert utilement leurs intérêts, puisque, en prévenant le déchaînement des passions et des instincts sauvages, — que la lutte réveille toujours, en même temps que le courage et les vertus viriles, — elle consolide la discipline, qui fait la force des armées; elle ennoblit aussi, aux yeux des soldats, leur mission patriotique, en les maintenant dans les limites du respect dû aux droits de l'humanité.

Mais, pour que ce but soit atteint, il ne suffit pas que les souverains promulguent une législation nouvelle; il est essentiel, en outre, qu'ils la vulgarisent, de telle sorte que, lorsqu'une guerre sera déclarée, les hommes appelés à défendre, les armes à la main, la cause des États belligérants, soient bien pénétrés des droits et des devoirs spéciaux attachés à l'exécution d'un semblable mandat.

C'est afin de faciliter aux autorités l'accomplissement de cette partie de leur tâche, que l'Institut a donné à son travail une forme populaire et raisonnée, d'où un texte législatif peut être au besoin facilement détaché.

CHAPITRE II

DU PASSAGE DE L'ÉTAT DE PAIX A L'ÉTAT DE GUERRE, ET DE SES EFFETS DIVERS ET IMMÉDIATS A L'ÉGARD DES POPULATIONS.

De la déclaration de guerre et de ses différentes formes. — Ultimatum. — Manifestes. — Proclamations. — Cas de guerre défensive. — Effets de l'état de guerre à l'égard des nationaux ennemis résidant sur le territoire au moment de la déclaration de guerre. — Des belligérants et des non-combattants. — Défense du territoire par les simples citoyens prêtant leur concours à l'armée régulière. — Levée en masse. — Corps francs. — Distinction à établir entre les citoyens régulièrement organisés pour la défense et les bandes de pillards qui suivent quelquefois les armées. — Juridiction.

Le droit des gens a posé le principe que l'ouverture des hostilités doit être précédée d'une déclaration de guerre, qui forme la transition entre le droit des gens du temps de paix et le droit des gens du temps de guerre.

Cette règle remonte à la plus haute antiquité et a été consacrée par tous les philosophes, les orateurs et les écrivains qui ont traité des choses de la guerre.

« *Nullum bellum est justum nisi quod denuntiatum ante sit et indictum* », dit Cicéron.

« *Sed ut bellum justum sit, oportet ut publice decretum sit* », écrit Grotius.

« Une guerre sans déclaration préalable serait regardée à juste titre comme un véritable brigandage; ce serait la guerre des pirates et des flibustiers; la bonne foi disparaîtrait pour faire place à un état d'isolement et de craintes mutuelles (1) ».

La déclaration de guerre apportant par elle-même un changement absolu dans les rapports réciproques des États entre eux, il est indispensable qu'elle soit rendue publique et portée à la connaissance des citoyens de ces États, et ce n'est qu'en vertu de cette *publication de la guerre* que les citoyens se trouvent réellement constitués dans le devoir et dans le droit de contribuer de leurs personnes et de leurs biens à des actes auxquels ils n'étaient nullement tenus auparavant.

Il est de règle également que la déclaration de guerre soit portée, avant l'ouverture des hostilités, à la connaissance des États qui ne peuvent pas prendre part à la lutte, c'est-à-dire des neutres. Elle crée alors pour eux, vis-à-vis des États

(1(De Rayneval.

qui doivent se combattre, une situation nouvelle comportant des règles spéciales, notamment en ce qui concerne l'interdiction de fournir à l'un des partis la contrebande de guerre.

Dans l'antiquité, la déclaration de guerre était entourée de formalités solennelles. Chez les Romains, elle était faite à haute voix (*clara voce*) par les fécials, personnages sacerdotaux formés en collège, qui présidaient à tous les actes internationaux.

Jusqu'au milieu du XVIIe siècle, nous trouvons l'usage de faire déclarer la guerre par des hérauts d'armes. Tantôt le héraut jette un gantelet aux pieds ou à la place du chef auquel il est chargé de déclarer la guerre; tantôt il frappe son blason; d'autres fois il sonne du cor sur la ligne de démarcation des parties belligérantes et lit à haute voix le cartel, ou encore il l'affiche sur quelque arbre voisin de la frontière.

Aujourd'hui, il n'y a point pour la déclaration de guerre de forme généralement adoptée par les États, ni de délai fixé pour l'ouverture du feu.

Ce qui importe, c'est qu'avant d'en venir aux armes, l'intention de faire la guerre soit signifiée d'une manière nette et explicite.

———

Le rappel des agents diplomatiques respectifs indique que les relations pacifiques entre les États sont altérées; mais il ne peut être considéré comme une déclaration de guerre que s'il est accompagné d'actes diplomatiques qui lui donnent cette signification. L'*ultimatum* est le dernier mot que prononcent les États dans une négociation; il contient leurs diverses propositions, les exigences dont ils ne veulent point se départir, les conceptions auxquelles ils entendent s'arrêter. L'ultimatum est une note diplomatique conçue en termes aussi nets et péremptoires que possible; il se termine par une demande de réponse catégorique; il indique en général le délai dans lequel cette réponse devra être faite, et ajoute qu'une réponse dilatoire ou l'absence d'une réponse sera considérée comme une preuve que l'État auquel l'ultimatum est adressé veut la guerre. Dans ce cas l'ultimatum est une proposition de guerre, qui devient, d'après l'accueil qu'il reçoit, une véritable déclaration de guerre (1).

Lors de notre dernière guerre contre l'Allemagne, il y eut notification directe du cabinet des Tuileries au cabinet de Berlin, ainsi que le fit connaître au Sénat cette déclaration du Ministre des

(1) *Précis du droit des gens,* par Funck-Brentano et Albert Sorel.

affaires étrangères : « Conformément aux règles d'usage et par ordre de l'Empereur, j'ai invité le chargé d'affaires de France à notifier au cabinet de Berlin notre résolution de poursuivre par les armes les garanties que nous n'avons pu obtenir par la discussion. Cette démarche a été accomplie, et j'ai l'honneur de faire savoir au Sénat qu'en conséquence l'état de guerre existe à partir du 19 juillet (1). »

Presque toujours, en même temps que la déclaration de guerre est portée à la connaissance des États et des citoyens, elle est accompagnée d'un manifeste faisant connaître les causes qui ont amené la rupture des rapports amicaux entre les États.

Le manifeste contient généralement des déclarations de principes, l'exposé des griefs dont on se plaint, le but qu'on se propose en prenant les armes, et quelquefois même les moyens qu'on veut employer.

« Ces documents ont pour objet d'établir la bonté de la cause que soutient l'État, d'enflammer le patriotisme de la nation et de gagner la sympathies des États neutres..... Les États qui se sont déclaré la guerre y dépouillent, les uns à l'égard des autres, les formes respectueuses qu'ils observaient durant la paix, et s'adressent réciproque-

(1) *Journal officiel de l'Empire*, 21 juillet 1870.

ment des récriminations et des accusations souvent très véhémentes.

« Cette guerre de plume a, en général, peu de portée : le jugement des neutres se forme sur la conduite tenue par les États avant la guerre, et non sur un langage de circonstance; la guerre confirme ces jugements ou les réforme sans appel (1). »

Un des plus fameux manifestes de notre histoire contemporaines est celui que lança, le 25 juillet 1792, le duc de Brunswick, commandant des armées coalisées qui allaient envahir la France.

Cette pièce était ainsi conçue :

« Leurs Majestés l'Empereur et le roi de Prusse m'ayant confié le commandement des armées combinées qu'ils ont fait rassembler sur les frontières de France, j'ai voulu annoncer aux habitants de ce royaume les motifs qui ont déterminé les mesures des deux souverains, et les intentions qui les guident.

« Après avoir supprimé arbitrairement les droits et possessions des princes allemands en Alsace et en Lorraine, troublé et renversé, dans l'intérieur, le bon ordre et le gouvernement légitime, exercé contre la personne sacrée du roi et contre son au-

______

(1) *Précis du droit des gens*, par Funck-Brentano et Albert Sorel.

guste famille des attentats et des violences qui sont encore perpétués et renouvelés de jour en jour, ceux qui ont usurpé les rênes de l'administration ont enfin comblé la mesure en faisant déclarer une guerre injuste à Sa Majesté l'Empereur, et en attaquant ses provinces situées en Pays-Bas ; quelques-unes des possessions de l'empire germaniques ont été enveloppées dans cette oppression, et plusieurs autres n'ont échappé au même danger qu'en cédant aux menaces impérieuses du parti dominant et de ses émissaires.

« Sa Majesté le roi de Prusse, uni avec Sa Majesté Impériale par les liens d'une alliance étroite et défensive, et membre prépondérant lui-même du corps germanique, n'a donc pu se dispenser de marcher au secours de son allié et de ses co-États ; et c'est sous ce double rapport qu'il prend la défense de ce monarque et de l'Allemagne.

« A ces grands intérêts se joint encore un but important, et qui tient à cœur aux deux souverains : c'est de faire cesser l'anarchie dans l'intérieur de la France, d'arrêter les attaques portées au trône et à l'autel, de rétablir le pouvoir légal, de rendre au roi la sûreté et la liberté dont il est privé, et de le mettre en état d'exercer l'autorité légitime qui lui est due.

« Convaincus que la partie saine de la nation française abhorre les excès d'une faction qui la subjugue, et que le plus grand nombre des habi-

tants attend avec impatience le moment du secours pour se déclarer contre les entreprises
odieuses de leurs oppresseurs, Sa Majesté l'Empereur et Sa Majesté le roi de Prusse les appellent
et les invitent à retourner sans délai aux voies
de la raison et de la justice, de l'ordre et de
la paix. C'est dans ces vues que moi soussigné,
général commandant en chef les deux armées,
déclare :

« 1º Qu'entraînées dans la guerre présente par
des circonstances irrésistibles, les deux cours
alliées ne se proposent d'autre but que le bonheur
de la France, sans prétendre s'enrichir par des
conquêtes ;

« 2º Qu'elles n'entendent point s'immiscer dans
le gouvernement intérieur de la France ; mais
qu'elles veulent uniquement délivrer le roi, la
reine et la famille royale de leur captivité, et procurer à Sa Majesté très chrétienne la sûreté nécessaire pour qu'elle puisse faire sans danger,
sans obstacle, les convocations qu'elle jugera à
propos, et travailler à assurer le bonheur de ses
sujets, suivant ses promesses et autant qu'il dé-
pendra d'elle ;

« 3º Que les armées combinées protégeront les
villes, bourgs et villages, et les personnes et les
biens de tous ceux qui se soumettront au roi, et
qu'elles concourront au rétablissement instan-

tané de l'ordre et de la police dans toute la France ;

« 4° Que les gardes nationales sont sommées de veiller provisoirement à la tranquillité des villes et des campagnes, à la sûreté des personnes et des biens de tous les Français jusqu'à l'arrivée des troupes de Leurs Majestés impériale et royale, ou jusqu'à ce qu'il en soit autrement ordonné, sous peine d'en être personnellement responsables ; qu'au contraire, ceux des gardes nationaux qui auront combattu contre les troupes des deux cours alliées, et qui seront pris les armes à la main, seront traités en ennemis, et punis comme rebelles à leur roi et comme perturbateurs du repos public ;

« 5° Que les généraux, officiers, bas officiers et soldats des troupes de ligne françaises sont également sommés de revenir à leur ancienne fidélité, et de se soumettre sur-le-champ au roi, leur législateur souverain ;

« 6° Que les membres des départements, des districts et des municipalités seront également responsables, sur leurs têtes et sur leurs biens, de tous les délits, incendies, assassinats, pillages et voies de fait qu'ils laisseront commettre ou qu'ils ne se seront pas notoirement efforcés d'empêcher dans leur territoire ; qu'ils seront également tenus de continuer provisoirement leurs fonctions jusqu'à ce que Sa Majesté très chrétienne, remise en pleine liberté, y ait pourvu ultérieurement, ou qu'il en ait été autrement ordonné en son nom dans l'intervalle;

« 7° Que les habitants des villes, bourgs et villages, qui oseraient se défendre contre les troupes de Leurs Majestés impériale et royale, et tirer sur elles, soit en rase campagne, soit par les fenêtres, portes et ouvertures de leurs maisons, seront punis sur-le-champ suivant la rigueur du droit de la guerre, et leurs maisons démolies ou brûlées. Tous les habitants, au contraire, desdites villes, bourgs et villages, qui s'empresseront de se soumettre à leur roi, en ouvrant leurs portes aux troupes de Leurs Majestés, seront à l'instant sous leur sauvegarde immédiate; leurs personnes, leurs biens, leurs effets, seront sous la protection des lois; et il sera pourvu à la sûreté générale de tous et de chacun d'eux;

« 8° La ville de Paris et tous ses habitants, sans distinction, seront tenus de se soumettre sur-le-champ et sans délai au roi, de mettre ce prince en pleine et entière liberté, et de lui assurer, ainsi qu'à toutes les personnes royales, l'inviolabilité et le respect auxquels le droit de la nature et des gens oblige les sujets envers les souverains, Leurs Majestés impériale et royale rendant personnellement responsables de tous les événements, sur leur tête, pour être jugés militairement, sans espoir de pardon, tous les membres de l'Assemblée

nationale, du département, du district, de la municipalité et de la garde nationale de Paris, les
juges de paix et tous autres qu'il appartiendra ;
déclarant en outre Leurs dites Majestés, sur leur
foi et parole d'Empereur et Roi, que si le château
des Tuileries est forcé ou insulté, que s'il est fait
la moindre violence, le moindre outrage à Leurs
Majestés le Roi, la Reine et la famille royale, s'il
n'est pas pourvu immédiatement à leur sûreté, à
leur conservation et à leur liberté, elles en tire-
ront une vengeance exemplaire et à jamais mémorable, en livrant la ville de Paris à une exécution militaire et à une subversion totale, et les
révoltés coupables d'attentats aux supplices qu'ils
auront mérités. Leurs Majestés impériale et
royale promettent, au contraire, aux habitants de
la ville de Paris d'employer leurs bons offices
auprès de Sa Majesté Très Chrétienne pour obtenir
le pardon de leurs torts et de leurs erreurs, et de
prendre les mesures les plus rigoureuses pour assurer leurs personnes et leurs biens, s'ils obéis-
sent promptement et exactement à l'injonction
ci-dessus.

« Enfin Leurs Majestés, ne pouvant reconnaître
pour lois en France que celles qui émaneront du
Roi jouissant d'une liberté parfaite, protestent
d'avance contre l'authenticité de toutes les déclarations qui pourraient être faites au nom de Sa
Majesté très chrétienne, tant que sa personne

3.

sacrée, celle de la reine et de toute la famille
royale ne seront pas réellement en sûreté : à
l'effet de quoi Leurs Majestés impériale et royale
invitent et sollicitent Sa Majesté très chrétienne
de désigner la ville de son royaume la plus voisine
de ses frontières dans laquelle elle jugera à propos
de se retirer avec la reine et sa famille, sous une
bonne et sûre escorte qui lui sera envoyée pour
cet effet, afin que Sa Majesté Très Chrétienne
puisse en toute sûreté appeler auprès d'elle les
ministres et les conseillers qu'il lui plaira de désigner, faire telles convocations qui lui paraîtront
convenables, pourvoir au rétablissement du bon
ordre, et régler l'administration de son royaume.

« Enfin je déclare et je m'engage encore, en
mon propre et privé nom, en ma qualité susdite,
de faire observer partout aux troupes confiées à
mon commandement une bonne et exacte discipline, promettant de traiter avec douceur et modération les sujets bien intentionnés qui se montreront paisibles et soumis, et de n'employer la
force qu'envers ceux qui se rendront coupables ou
de résistance ou de mauvaise volonté.

« C'est par ces raisons que je requiers et
exhorte tous les habitants du royaume, de la manière la plus forte et la plus instante, de ne pas
s'opposer à la marche et aux opérations des troupes
que je commande, mais de leur accorder plutôt
partout une libre entrée et toute bonne volonté,

aide et assistance que les circonstances pourront exiger.

« Donné au quartier général de Coblentz, le 25 juillet 1792.

« Signé :

« CHARLES-GUILLAUME-FERDINAND, duc de BRUNSWICK-LUNEBOURG. »

Cette déclaration produisit un effet extraordinaire et contraire à celui qu'espérait faire naître son auteur. On se promit de toutes parts de résister à un ennemi dont le langage était si hautain, et l'état des esprits était tel que le roi et la cour se virent injustement accusés de cette faute.

Comme manifeste adressé aux États dans une période plus récente, nous citerons la célèbre circulaire envoyée le 21 juillet 1870 par le duc de Gramont, ministre des affaires étrangères de France, aux agents diplomatiques de l'Empereur, et dans laquelle le gouvernement français explique les causes qui amenèrent la rupture des rapports amicaux entre la France et l'Allemagne.

« Paris, le 21 juillet 1870.

« MONSIEUR,

« Vous connaissez déjà l'enchaînement des faits qui nous ont conduits à une rupture avec la

Prusse. La communication que le Gouvernement de l'Empereur a portée, le 15 de ce mois, à la tribune des grands corps de l'État, et dont je vous ai envoyé le texte, a exposé à la France et à l'Europe les rapides péripéties d'une négociation dans laquelle, à mesure que nous redoublions nos efforts pour conserver la paix, se dévoilaient les secrets desseins d'un adversaire résolu à la rendre impossible. Soit que le cabinet de Berlin ait jugé la guerre nécessaire pour l'accomplissement des projets qu'il préparait de longue date contre l'autonomie des États allemands ; soit que, peu satisfait d'avoir établi au centre de l'Europe une puissance militaire devenue redoutable à tous ses voisins, il ait voulu mettre à profit la force acquise pour déplacer définitivement à son profit l'équilibre international, l'intention préméditée de nous refuser les garanties les plus indispensables à notre sécurité aussi bien qu'à notre honneur se montre avec la dernière évidence dans toute sa conduite.

« Voici, à n'en pas douter, quel a été le plan combiné contre nous. Une entente préparée mystérieusement par des intermédiaires inavoués devait, si la lumière n'eût été faite avant l'heure, mener les choses jusqu'au point où la candidature d'un prince prussien à la couronne d'Espagne aurait été soudainement révélée aux Cortès assemblées. Un vote enlevé par surprise, avant que le peuple espagnol eût eu le temps de la réflexion, proclamait, on l'a espéré du moins, le prince Léopold de Hohenzollern héritier du sceptre de Charles-Quint. Ainsi, l'Europe se serait trouvée en présence d'un fait accompli; et, spéculant sur notre déférence pour le grand principe de la souveraineté populaire, on comptait que la France, malgré un déplaisir passager, s'arrêterait devant la volonté ostensiblement exprimée d'une nation pour laquelle on savait toutes nos sympathies.

« Dès qu'il a été instruit du péril, le Gouvernement de l'Empereur n'a pas hésité à le dénoncer aux représentants du pays comme à tous les cabinets étrangers; contre cette manœuvre, le jugement public de l'opinion devenait son plus légitime auxiliaire. Les esprits impartiaux ne se sont trompés nulle part sur la véritable situation des choses; ils ont vite compris que si nous étions péniblement affectés de voir tracer à l'Espagne, dans l'intérêt exclusif d'une dynastie ambitieuse, un rôle si peu fait pour la loyauté de ce peuple chevaleresque, si peu conforme aux instincts et aux traditions d'amitié qui l'unissent à nous, nous ne pouvions avoir la pensée de démentir notre constant respect pour l'indépendance de ses résolutions nationales.

« On a senti que la politique peu scrupuleuse du gouvernement prussien était ici seule en jeu. C'est ce gouvernement, en effet, qui, ne se croyant pas lié par le droit commun et méprisant les règles auxquelles les plus grandes puissances ont eu la sagesse de se soumettre, a tenté d'imposer à l'Europe abusée une extension si dangereuse de son influence.

« La France a pris en main la cause de l'équilibre, c'est-à-dire la cause de tous les peuples menacés comme elle par l'agrandissement disproportionnée d'une maison royale. En agissant ainsi, se plaçait-elle, comme on a voulu le faire croire, en contradiction avec ses propres maximes? Assurément non.

« Toute nation, nous aimons à le proclamer, est maîtresse de ses destinées. Ce principe, hautement affirmé par la France, est devenu l'une des lois fondamentales de la politique moderne. Mais le droit de chaque peuple, comme de chaque individu, est limité par le droit d'autrui, et il est interdit à une nation, sous prétexte d'exercer sa souveraineté propre, de menacer l'existence ou la sécurité d'un peuple voisin. C'est dans ce sens qu'un de nos grands orateurs, M. de Lamartine, disait en 1847 que, lorsqu'il s'agit du choix d'un souverain, un gouvernement n'a jamais le droit de prétendre et a toujours le droit d'exclure. Cette doctrine a été admise par tous les cabinets dans les circonstances analogues à celles où nous a placés la candidature du prince de Hohenzollern, notamment en 1831, dans la question

belge ; en 1830 et en 1862, dans la question hellé-
nique.

« Dans les affaires belges, c'est la voix de l'Europe elle-même qui s'est fait entendre, car ce sont
les cinq grandes puissances qui ont décidé.

« Les trois cours qui avaient pris en main la
cause du peuple hellène, s'inspirant d'une pensée
d'intérêt général, étaient convenues déjà entre
elles de ne point accepter le trône de Grèce pour
un prince de leur famille.

« Les cabinets de Paris, de Londres, de Vienne,
de Berlin et de Saint-Pétersbourg, représentés
dans la conférence de Londres, s'approprièrent
cet exemple ; ils en firent une règle de conduite
pour tous dans une négociation où était engagée
la paix du monde, et rendirent ainsi un solennel
hommage à cette grande loi de la pondération des
forces qui est la base du système politique européen.

« Vainement le congrès national de Belgique
persista, malgré cette résolution, à élire le duc de
Nemours. La France se soumit à l'engagement
qu'elle avait pris, et refusa la couronne apportée à
Paris par les députés belges. Mais elle imposa à
son tour la nécessité qu'elle subissait en frappant
d'exclusion la candidature du duc de Leuchtenberg, que l'on avait opposée à celle du prince français.

« En Grèce, lors de la dernière vacance du

trône, le gouvernement de l'Empereur combattait à la fois la candidature du prince Alfred d'Angleterre et celle d'un autre duc de Leuchtenberg.

« L'Angleterre, reconnaissant l'autorité des considérations invoquées par nous, déclara à Athènes que la reine n'autoriserait pas son fils à accepter la couronne de Grèce. La Russie fit une déclaration semblable pour le duc de Leuchtenberg, bien qu'à raison de sa naissance, ce prince ne fût pas considéré absolument par elle comme membre de la famille impériale.

« Enfin, l'empereur Napoléon a spontanément appliqué les mêmes principes dans une note insérée au *Moniteur* du 1er septembre 1860, pour désavouer la candidature du prince Murat au trône de Naples.

« La Prusse, a qui nous n'avons pas manqué de rappeler ces précédents, a paru un moment céder à nos justes réclamations. Le prince Léopold s'est désisté de sa candidature; on a pu se flatter que la paix ne serait pas troublée. Mais cet espoir a bientôt fait place à des appréhensions nouvelles ; puis à la certitude que la Prusse, sans retirer sérieusement aucune de ses prétentions, cherchait seulement à gagner du temps. Le langage d'abord hésitant, puis décidé et hautain du chef de la maison de Hohenzollern, son refus de s'engager à maintenir le lendemain la renonciation de la veille, le traitement infligé à notre ambassadeur, auquel un message verbal a interdit toute communication nouvelle pour l'objet de sa mission de conciliation, enfin la publicité donnée à ce procédé insolite par les journaux prussiens et par la notification qui en a été faite aux cabinets, tous ces symptômes successifs d'intentions agressives ont fait cesser le doute dans les esprits les plus prévenus. L'illusion est-elle permise quand un souverain qui commande à un million de soldats déclare, la main sur la garde de son épée, qu'il se réserve de prendre conseil de lui seul et des circonstances ?

« Nous étions amenés à cette limite extrême où une nation qui sent ce qu'elle se doit ne transige plus avec les exigences de son honneur.

« Si les derniers incidents de ce pénible débat ne jetaient pas une assez vive lumière sur les projets nourris par le cabinet de Berlin, il est une circonstance, moins connue jusqu'à ce jour, qui donne à sa conduite une signification décisive.

« L'idée d'élever au trône d'Espagne un prince de Hohenzollern n'était pas nouvelle. Déjà, au mois de mars 1869, elle avait été signalée par notre ambassadeur à Berlin, qui était aussitôt invité à faire savoir au comte de Bismarck comment le Gouvernement de l'Empereur envisageait une éventualité semblable. M. le comte Benedetti, dans plusieurs entretiens qu'il avait eus à ce sujet, soit avec le chancelier de la Confédération de l'Allemagne du Nord, soit avec le sous-secrétaire d'État, chargé de la direction des affaires étrangères, n'a pas laissé ignorer que nous ne pouvions admettre qu'un prince prussien vînt à régner au delà des Pyrénées.

« Le comte de Bismarck, de son côté, avait déclaré que nous ne devions nullement nous préoccuper d'une combinaison que lui-même jugeait irréalisable, et, en l'absence du chancelier fédéral, dans un moment où M. Benedetti avait cru devoir se montrer incrédule et pressant, M. de Thile avait engagé sa parole d'honneur que le prince de Hohenzollern n'était pas et ne pouvait pas devenir un candidat sérieux à la couronne d'Espagne.

« Si l'on devait suspecter la sincérité d'assurances officielles aussi positives, les communications diplomatiques cesseraient d'être un gage de la paix européenne; elles ne seraient plus qu'un piège ou un danger.

« Aussi, bien que notre ambassadeur transmît ces déclarations sous toutes réserves, le Gouvernement de l'Empereur avait-il jugé convenable de les accueillir favorablement. Il s'était refusé à en révoquer en doute la bonne foi, jusqu'au jour où s'est révélée tout d'un coup la combinaison qui en était la négation éclatante. En revenant inopinément sur la parole qu'elle nous avait donnée, sans même tenter aucune démarche pour se dégager envers nous, la Prusse nous adressait un véritable défi. Éclairés, dès lors, sur la valeur que pouvaient avoir les protestations les plus formelles des hommes d'État prussiens, nous avions le droit impérieux de préserver dans l'avenir notre loyauté contre de nouveaux mécomptes par une garantie explicite. Nous devions donc insister, comme nous l'avons fait, pour obtenir la certitude qu'une renonciation qui ne se présentait qu'entourée de distinctions subtiles était, cette fois, définitive, sérieuse.

« Il est juste que la cour de Berlin ait devant l'histoire la responsabilité de cette guerre, qu'elle avait les moyens d'éviter et qu'elle a voulue. Et dans quelles circonstances a-t-elle recherché la lutte ? C'est lorsque, depuis quatre ans, la France, lui donnant le témoignage d'une modération constante, s'est abstenue, avec un scrupule peut-être exagéré, d'invoquer contre elle des traités conclus sous la médiation même de l'Empereur, mais dont l'oubli volontaire ressort de tous les actes d'un gouvernement qui songeait déjà à s'en affranchir au moment où il y souscrivait.

« L'Europe a été témoin de notre conduite, et elle a pu la comparer à celle de la Prusse pendant le cours de cette période. Qu'elle prononce aujourd'hui sur la justice de notre cause. Quel que doive être le sort des batailles, nous attendons sans inquiétude le jugement de nos contemporains comme celui de la postérité.

« Agréez, etc.

« *Signé :* GRAMONT. »

En cas de guerre défensive, celui qui se défend n'est pas tenu de déclarer formellement la guerre. Le fait de se défendre les armes à la main contre un ennemi armé rend cette formalité inutile. « Toutefois, l'État qui se défend peut justifier sa résistance par un appel à l'opinion publique et, en général, il aura raison de le faire (1). »

Il est bien entendu qu'une guerre défensive peut devenir tout à coup offensive sans qu'il soit besoin de nouvelle déclaration. Lorsqu'une action de guerre est engagée, il n'y a plus d'autres règles à suivre que celles que commandent d'observer la tactique et le salut de la troupe. Ainsi ont pensé et écrit tous les hommes de guerre; c'est un principe qui ne supporte aucune exception.

Lorsque la guerre vient d'être déclarée entre deux nations, il arrive presque toujours qu'un certain nombre de nationaux ennemis se trouvent

(1) Blunstchi.

sur le territoire de chaque partie belligérante.
— Quelle sera alors la situation de ces étrangers ?

Le droit des gens admet, en principe, qu'un délai doit leur être accordé pendant lequel ils sont libres, et après lequel ils peuvent être expulsés par la force ou retenus pour n'avoir pas quitté le pays à temps. Chaque pays reste libre, du reste, de modifier suivant les circonstances ou les individus les résolutions qu'il avait cru devoir prendre au début de la guerre contre les étrangers résidant sur son territoire.

C'est ainsi qu'au moment de la déclaration de la guerre entre la France et l'Allemagne, en 1870, le premier acte du gouvernement français fut une décision portant que les sujets allemands, se trouvant actuellement en France ou dans ses colonies, seraient autorisés à y séjourner tant que leur attitude ne fournirait aucun motif de plainte.

On lit, en effet, dans le *Journal officiel de l'Empire* du 21 juillet 1870 :

« L'Empereur a décidé, sur la proposition de Son Exc. le Ministre des affaires étrangères, que les sujets de la Prusse et des pays alliés qui lui prêtent contre nous le concours de leurs armes, se trouvant actuellement en France ou dans ses colonies, seraient autorisés à y continuer leur résidence, tant que leur conduite ne fournirait aucun motif de plainte.

« L'admission sur le territoire français des sujets de la Prusse et de ses alliés est, à partir de ce jour, subordonnée à des autorisations spéciales qui ne seront accordées qu'à titre exceptionnel.

« En ce qui concerne les bâtiments de commerce ennemis actuellement dans les ports de l'Empire, ou qui y entreraient dans l'ignorance de l'état de guerre, Sa Majesté a bien voulu ordonner qu'ils auraient un délai de trente jours pour quitter ces ports. Il leur sera délivré des sauf-conduits pour pouvoir rentrer librement dans leurs ports d'attache, ou se rendre directement à leur port de destination.

« Les bâtiments qui auront pris des cargaisons à destination de France et pour compte français dans des ports ennemis ou neutres, antérieurement à la déclaration de guerre, ne sont pas sujets à capture. Ils pourront librement débarquer leur chargement dans les ports de l'Empire, et recevront des sauf-conduits pour retourner dans leurs ports d'attache. »

Mais il se trouva parmi les Allemands autorisés à rester en France beaucoup de gens qui, au mépris de la convention qu'ils avaient acceptée par le fait seul de leur prolongation de séjour en France, en profitèrent pour faire parvenir à l'armée envahissante des renseignements sur nos

forces et leur dispositif; d'un autre côté, nos na
tionaux étaient brutalement expulsés d'Allemagne; le gouvernement français se trouva donc
obligé de rapporter le décret du 21 juillet, qui
avait été dicté par des sentiments d'humanité et
d'honneur que nos ennemis d'alors ne voulurent
pas apprécier comme ils le méritaient.

Les biens possédés par les nationaux ennemis
doivent être respectés; cette règle, qui n'a pris
place que récemment parmi les principes du droit
des gens, est la conséquence non seulement du
progrès que fait ce droit dans l'esprit des nations,
mais aussi du développement considérable des intérêts internationaux, amené par l'essor de l'industrie et la marche de la civilisation. Aujourd'hui
même la plupart des nouveaux traités de commerce consentis entre nations contiennent une
clause écrite, stipulant exactement quelle sera la
situation de ces biens en temps de guerre.

Si les États sont libres d'autoriser les nationaux
ennemis à prolonger leur séjour sur le territoire
ou de les expulser aussitôt après la déclaration de
guerre, il ne s'ensuit pas qu'un Français soit libre
de rester dans un pays ennemi où la faveur de
séjourner lui aurait été accordée, malgré la rupture de la paix; notre législation est absolument
précise à cet égard, et les législations des diffé-

rents pays contiennent pour leurs nationaux des dispositions analogues.

———

Dans l'antiquité, tout étranger était regardé comme ennemi ; aujourd'hui le droit des gens établit, même après la rupture des relations du temps de paix, une distinction complète entre *l'État armé et la population civile;* la guerre a lieu entre les États, et non entre les simples citoyens.

« La guerre n'étant pas une relation d'hommes, mais une relation d'États, écrivait M. de Talleyrand à l'empereur Napoléon, le droit des gens ne permet pas que le droit de la guerre, et celui de conquête qui en dérive, s'appliquent aux citoyens paisibles et sans armes à leurs habitations, à leurs propriétés. »

Puisqu'il est admis que la guerre n'est dirigée que contre les forces de l'ennemi, il faut déterminer quels hommes contribuent à constituer ces forces ; puisqu'il est admis que la guerre n'est point dirigée contre les sujets non armés de l'ennemi, il faut que les États soient en mesure de se défendre contre les sujets de l'ennemi qui font acte de guerre. De là est venue la distinction entre les *combattants* et les *non-combattants.*

Les *combattants* se composent de tous les hommes qui constituent les forces militaires de l'ennemi; quand ils cessent de résister, ils sont faits prisonniers. Les *non-combattants* sont ceux qui ne font point partie des forces militaires de l'ennemi; quand ils sont pris les armes à la main, l'État qui les capture les traite d'après les nécessités que lui impose le soin de sa défense. La distinction des combattants et des non-combattants est donc très importante (1).

On doit en principe considérer comme belligérant, c'est-à-dire comme combattant régulier, tout individu qui combat pour son pays en *se conformant aux lois de la guerre;* cette qualité est donc acquise :

1º A l'armée régulière ;

2º A toutes les troupes faisant partie de l'armée nationale ;

3º Aux corps de volontaires reconnus par leur gouvernement, commandés par un chef responsable *portant les armes ouvertement,* ayant *un uniforme ou un signe distinctif à distance,* et observant enfin toutes les lois de la guerre;

4º A la population d'un territoire non occupé par l'ennemi, qui, à l'approche des troupes d'invasion, prend spontanément et *ouvertement* les armes sans avoir le temps ou les moyens de s'organiser.

(1) Funck-Brentano et Albert Sorel, *Précis du droit des gens.*

« A quelles conditions, dit Rolin-Jacquemyns, les combattants étrangers à l'armée régulière et luttant sur la portion non encore occupée de leur territoire doivent-ils satisfaire pour être traités en soldats par l'ennemi ?

« Ces conditions sont :

« 1º Ordre émanant de l'autorité légale, ou tout au moins d'un groupe considérable de citoyens, constitué de fait en vue d'organiser la défense nationale ;

« 2º Insignes militaires d'uniformes *inséparables de la tenue* et reconnaissables à portée de fusil ;

« 3º Sauf le cas d'une levée en masse, dans lequel les citoyens qui auront pris les armes devront, même s'ils n'ont pas d'uniformes, être traités en prisonniers de guerre, lorsqu'il résultera des circonstances que l'absence d'uniforme n'est pas un moyen dont ils se servent pour faire une guerre déloyale.

« Le tout, pourvu qu'il s'agisse d'actes passés dans les parties non encore envahies ou conquises du territoire ennemi. »

Le devoir, l'honneur, ordonnent en effet à tout habitant d'un pays envahi et non encore entièrement occupé de lutter par tous les moyens en son pouvoir contre l'envahisseur. Il n'y a pas là de distinction à faire entre le soldat et le simple citoyen. Quand le sol de la patrie est menacé, tout le monde est soldat ; du jour où l'étranger envahit le territoire national, tous nous avons le droit et le devoir de lui courir sus et de prendre part à la guerre en usant de tous les moyens dont l'honneur et les règles du droit international nous autorisent à nous servir pour rejeter l'envahisseur au delà de nos frontières, pour nous ruer même, si nous pouvons, à sa poursuite sur son propre territoire. Est-il donc besoin d'édicter des lois pour faire connaître que tout Français doit défendre la France ? Est-ce que ce n'est pas le plus sacré et le plus impérieux des devoirs ?

Penser autrement, ce serait penser qu'il y a deux classes de citoyens, distinctes plus encore par le cœur que par le costume : la classe des guerriers, celle qui se bat, qui protège, qui va à l'honneur ; et la classe de ceux qui se sauvent, se dérobent, songeant uniquement à leurs biens et oubliant la patrie. De tels sentiments n'entrent pas dans des cœurs français, et si quelques rhéteurs avides de réclame scandaleuse s'en sont fait quelquefois les apôtres, l'opinion publique a fait promptement justice de leurs théories malsaines.

Lorsqu'il n'y a plus de lutte possible, lorsque le pays est envahi, alors, et alors seulement, vous devez vous incliner devant la force du vainqueur ; vous êtes alors dans le cas de la garnison d'une place assiégée qui s'est rendue après avoir épuisé tous les moyens de défense, et l'ennemi ne saurait refuser sa profonde estime et les honneurs de la guerre aux simples citoyens qui ont ainsi lutté pour la patrie.

La levée en masse est généralement prescrite par un appel du pouvoir exécutif.

Le décret du 5 mars 1814, dont nous donnons ci-après un extrait, en est un exemple. Bien qu'il soit imbu des préceptes d'un autre âge déjà loin de nous au point de vue du droit des gens, il ne mérite pas moins d'être cité.

« Tous les citoyens français, y est-il dit, sont non seulement autorisés à courir aux armes, mais requis de le faire, de sonner le tocsin aussitôt qu'ils entendront le canon de nos troupes s'approcher d'eux, de se rassembler, de fouiller les bois, de couper les ponts, d'intercepter les routes et de tomber sur les flancs ou sur les derrières de l'ennemi. Tout citoyen français pris par l'ennemi et qui serait mis à mort, sera sur-le-champ vengé par la mort, en représailles, d'un prisonnier ennemi. Tous les maires, fonctionnaires publics et habitants qui, au lieu d'exciter l'élan patriotique du peuple, le refroidissent, seront considérés comme traîtres et punis comme tels. »

Mais les habitants *d'un territoire envahi*, qui prennent les armes sans être organisés, *sans être*

revêtus de signes distinctifs, et *attaquent isolément l'ennemi*, ne peuvent être assimilés aux
corps francs régulièrement organisés et ne peuvent, par suite, être traités en combattants.

Il en est à plus forte raison de même des hommes
ou des bandes d'hommes qui commettent des hostilités, soit en combattant, soit en faisant des
incursions pour détruire ou piller, sans faire partie de l'armée organisée, sans prendre une part
permanente à la guerre, quittant les armes quand
il leur convient pour retourner dans leurs foyers
et à leurs occupations pacifiques, ou prenant occa-
sionnellement des dehors pacifiques et se dépouil-
lant de tout caractère ou apparence de soldats.
Ces individus ou bandes ne sont pas des belligérants. S'ils sont capturés, ils n'ont aucun droit aux
privilèges des prisonniers de guerre, et peuvent
être jugés comme des voleurs de grand chemin ou
des pirates.

Il ne faudrait pas conclure de ce qui précède
que l'ennemi ait le droit cependant de passer
immédiatement par les armes, sans autre forme
de procès, un individu faisant acte de guerre et
qui ne lui semblerait pas rentrer dans la catégorie
des belligérants.

Le droit des gens proscrit absolument les exé-
cutions sommaires.

Un ennemi, quel qu'il soit, peut être frappé et

4.

tué tant qu'il combat; dès qu'il est pris ou désarmé, sa vie devient provisoirement inviolable, et si le caractère de belligérant peut lui être contesté, il doit être renvoyé devant la juridiction instituée pour connaître de la question et décider réguliè-rement du traitement qu'il mérite.

CHAPITRE III

DES RELATIONS DES BELLIGÉRANTS ENTRE EUX

Des moyens de nuire à l'ennemi. — Moyens et engins prohibés.—
Blocus. — Sièges. — Bombardements. — Assaut. — Otages.—
Espions.— Des prisonniers de guerre.— Des blessés. — Appen-
dice : Décret du 2 mars 1878, portant règlement pour le fonctionnement de la Société de secours aux blessés.

« Il est contraire au droit des gens, dit le professeur Dahn, de causer à l'ennemi un tort inutile
et d'employer pour lui nuire des moyens qui ne
sont pas légitimés par les besoins de la lutte. »

La guerre, chez les nations civilisées, ne peut
avoir pour but le carnage.

« C'est la *nécessité*, dérivant de l'impossibilité
d'obtenir autrement justice, qui fonde le droit de
guerre. Une telle condition est aussi exigée par la
civilisation actuelle, par le droit international
moderne, pour justifier ou faire excuser l'homi-

(1) *Manuel de Droit international à l'usage des officiers de l'armée de terre.* 1877.

cide, les lésions corporelles et les autres violences
sur les personnes, qui seraient punissables sans la
circonstance de guerre publique en forme. Même
à l'égard de ceux qui peuvent être traités en ennemis, parce qu'ils sont au nombre des défenseurs
de l'autre belligérant, on n'admet plus les violences extrêmes ou excessives que ne rend pas nécessaires le but légitime de la guerre, qui est seulement d'affaiblir la nation ennemie, en mettant
hors de combat ses défenseurs, pour la contraindre à donner satisfaction : à plus forte raison
réprouve-t-on celles qui seraient commises contre
des non-combattants, par des motifs ou dans des
vues ne rentrant nullement dans la condition
limitée de nécessité absolue.

« C'était dans le temps où la barbarie était tolé-
rée, sinon excitée par les chefs, qu'on supposait
existant le droit de tuer à volonté un ennemi
même sans défense, et, conséquemment, celui
d'exercer toutes sortes de rigueurs contre lui, sans
exception alors pour les femmes et les enfants ou
les vieillards. Et la civilisation était encore im-
parfaite, lorsqu'on trouvait licite dans la guerre
d'employer tous moyens pour la destruction même
de l'ennemi, de refuser quartier aux prisonniers
et ainsi d'user des plus extrêmes violences. Or,
ces progrès ont fait prévaloir des règles fondées
sur la loi naturelle ou morale et sur les droits de
l'humanité, suivant lesquelles il n'y a plus de

guerre d'extermination, ni d'excuse admise pour les tueries ou blessures inutiles (1). »

Ces principes du droit des gens moderne ont été consacrés par la convention du 29 novembre-11 décembre 1868, conclue à Saint-Pétersbourg, entre la France, l'Autriche, la Bavière, la Belgique, le Danemark, la Grande-Bretagne, la Grèce, l'Italie, les Pays-Bas, la Perse, le Portugal, la Prusse, la Confédération de l'Allemagne du Nord, la Russie, la Suède et la Norvège, la Suisse, la Turquie et le Wurtemberg.

Cette convention est ainsi conçue :

« Considérant que les progrès de la civilisation doivent avoir pour effet d'atténuer autant que possible les calamités de la guerre ; que le seul but légitime que les États doivent se proposer durant la guerre est l'affaiblissement des forces militaires de l'ennemi ; qu'à cet effet, il suffit de mettre hors de combat le plus grand nombre d'hommes possible ; que ce but serait dépassé par l'emploi d'armes qui aggraveraient inutilement les souffrances des hommes mis hors de combat ou rendraient leur mort inévitable ; que l'emploi de pareilles armes serait dès lors contraire aux lois de l'humanité.

« Les parties contractantes s'engagent à renon-

(1) *Les Lois relatives à la guerre*, par Achille Morin.

cer mutuellement, en cas de guerre entre elles, à l'emploi, par leurs troupes de terre ou de mer, de tout projectile inférieur à 400 grammes qui serait explosible ou chargé de matières fulminantes ou inflammables.

« Les parties contractantes ou accédantes se réservent de s'entendre ultérieurement toutes les fois qu'une proposition précise sera formulée en vue des perfectionnements à venir, que la science pourrait apporter dans l'armement des troupes, afin de maintenir les principes qu'elles ont posés, et de concilier les nécessités de la guerre avec les lois de l'humanité. »

Le droit international proscrivant l'emploi des armes ou des matières propres à causer des souffrances inutiles, les belligérants doivent donc s'abstenir d'user comme projectiles de verre pilé, de balles mâchées, de grenaille métallique, et, en général, de tout engin qui, sans exercer une influence directe sur l'issue de la lutte, a seulement pour effet de produire des blessures dangereuses.

Il est bien entendu que ces prescriptions s'adressent surtout aux troupes régulièrement organisées et armées, et qu'on ne saurait infliger le moindre blâme aux soldats isolés ou aux combattants improvisés qui, à défaut de balles, chargeraient leur fusil avec du petit plomb, et qui, à défaut de baïonnette ou de sabre, se feraient une arme du premier outil qui leur tomberait sous la main.

Le droit des gens interdit d'empoisonner les sources, de propager intentionnellement des maladies contagieuses, de frapper, de blesser, tuer ou insulter un ennemi qui se rend, de ravager un pays.

Il est criminel de commettre, même envers l'ennemi, ou d'inciter l'ennemi à commettre des actes contre le droit commun, tels que l'assassinat sur la personne du souverain ennemi ou de ses généraux ; mais les lois de la guerre ne défendent pas l'instigation à la révolte des provinces ennemies, au renversement du souverain, etc.

Les lois de la guerre admettent la ruse, mais condamnent la perfidie.

Il est déloyal d'user illégalement du drapeau parlementaire ou d'abriter sous *la croix de Genève* des troupes, des voitures ou des bâtiments auxquels les conventions internationales ne donnent pas le droit de l'arborer ; il est contre l'honneur de feindre de se rendre pour frapper plus facilement son adversaire.

Celui qui fait usage du drapeau national de l'ennemi, ou s'affuble de son uniforme dans le but d'induire celui-ci en erreur *au milieu d'un combat*, commet un acte de perfidie qui fait perdre à son auteur tout droit à la protection des lois de la guerre.

Les places fortes sont un des plus solides moyens de défense de l'ennemi ; il importe donc à l'envahisseur de les mettre hors d'état de lui nuire, soit en les entourant de façon à ce que leur garnison ne puisse plus prêter son concours à l'adversaire, soit même en s'en emparant.

On appelle blocus, cette opération de guerre qui consiste à investir une place et à ôter à ses défenseurs toute communication avec le dehors, afin de les obliger à se rendre faute de munitions ou de vivres ; elle permet à l'envahisseur d'éviter les fatigues, les dangers et les dépenses d'un siège ou les risques d'une attaque de vive force.

Si, à l'investissement, on joint une série d'attaques et de travaux combinés de façon à permettre d'enlever la place par la force sans attendre que la famine oblige ses défenseurs à se rendre, on fait alors le siège de la place.

« On donne le nom de siège, dit Laisné, aux attaques pied à pied qui ont pour objet la prise d'un ouvrage mixte ou permanent. Ces attaques constituent le moyen le plus sûr qui existe pour se rendre maître d'une place de guerre ; avec du temps et des ressources suffisantes, elles réussissent toujours. »

Aux termes de l'article 247 du règlement français, du 13 octobre 1863 (1), l'état de siège d'une place de guerre ou d'un poste militaire est déclaré par une loi ou par un décret.

Il résulte aussi, en cas de guerre, de l'une des circonstances suivantes :

1° L'investissement de la place ou du poste par des troupes ennemies qui interceptent les communications du dehors au dedans et du dedans au dehors, à la distance de 3,500 mètres du chemin couvert;

2° Une attaque de vive force ou par surprise.

. . . .

Dans ces circonstances, la déclaration de l'état de siège peut être faite par le commandant de la place.

Il ne cesse qu'après que les travaux de l'ennemi ont été détruits et les brèches réparées ou mises en état de défense, ou encore, par les cas de prise d'assaut ou de capitulation, que nous étudierons plus loin.

______

(1) Décret impérial du 13 octobre 1863, et règlement annexe sur le service dans les places de guerre.

Pendant l'état de siège, le commandant supérieur fait occuper tous les terrains, ordonne toute démolition, prescrit toute mesure de défense jugée nécessaire pour assurer la conservation de la place. Dans ce cas, toute privation de jouissance. toute démolition résultant d'un fait de guerre ou d'une mesure de défense, n'ouvre droit à aucune indemnité (1). Toutefois l'État, par mesure bienveillante, accorde presque toujours réparation des dommages causés. C'est ainsi que par deux lois votées les 5 septembre 1871 et 7 avril 1873, l'Assemblée nationale, réunie à Versailles, a consacré deux sommes, s'élevant ensemble à 211,950,000 fr., à la réparation des dommages causés en France par la guerre de siège, tout aussi bien que par l'invasion des armées allemandes.

Le règlement français du 13 octobre 1863 détermine ainsi qu'il suit les attributions du commandant supérieur et des diverses autorités militaires et civiles pendant la durée de l'état de siège :

« Aussitôt que l'état de siège est déclaré, les pouvoirs dont l'autorité civile était revêtue pour le maintien de l'ordre et de la police passent tout entiers à l'autorité militaire.

« L'autorité civile continue néanmoins d'exer-

______

(1) Règlement français du 13 octobre 1863, art. 248.

cer ceux de ces pouvoirs dont l'autorité militaire ne l'a pas dessaisie.

« Le commandant supérieur ou commandant de place délègue en conséquence aux magistrats telle partie de ces pouvoirs qu'il juge convenable. Il exerce son autorité jusqu'aux limites du rayon d'investissement ou jusqu'à celles que la déclaration de l'état de siège a déterminées. En proclamant cette déclaration, il fait connaître que tous les délits dont il ne juge pas à propos de laisser la connaissance aux tribunaux ordinaires seront jugés par les tribunaux militaires, quelle que soit la qualité des prévenus.

« L'autorité du commandant supérieur s'étend à l'administration intérieure des corps et aux divers services. Les commandants des troupes, ceux de l'artillerie et du génie, les fonctionnaires de l'intendance militaire, sont tenus de prendre toutes les mesures et d'exécuter tous les travaux qu'il prescrit.

« Le commandant supérieur détermine, d'après les mouvements et les travaux de l'ennemi, et sans autre règle que ses instructions, le service des troupes de la garnison, des officiers de toutes armes employés dans la place, et des fonctionnaires de l'intendance militaire. Il détermine également le service de la « garde nationale », en se conformant aux lois qui la régissent.

« Il charge des détails relatifs aux différents

services les officiers qu'il juge les plus propres à bien remplir cette mission ; il confie la garde et la défense des ouvrages à ceux qu'il en croit les plus capables. Toutefois il cherche à répartir également, entre les différents corps de la garnison, les travaux et les dangers ; et, hors le cas de nécessité, il fait observer dans le service les règles prescrites par les règlements militaires en vigueur. »

Lorsque des troupes se trouvent enfermées dans une place bloquée ou assiégée, sans faire partie de la garnison, le commandant supérieur en dispose et les fait concourir comme les autres troupes au service de la défense.

Ces troupes se rendent à leur destination dès que le blocus ou le siège est levé, et quand la position de l'ennemi permet qu'elles poursuivent leur route.

Le commandant supérieur défend successivement les ouvrages et les postes extérieurs de la place, ses chemins couverts, ses dehors, son enceinte et ses derniers retranchements. Il déblaye le pied des brèches et les défend par tous les moyens usités dans les sièges. Dès que les fronts d'attaque lui sont connus, il commence les retranchements nécessaires pour soutenir, au corps de place, un ou plusieurs assauts. Il y emploie les habitants, il y fait servir les édifices, les maisons et tous les matériaux qu'il a sous la main.

Il ménage sa garnison et ses munitions de guerre et de bouche, de manière à pouvoir supporter vigoureusement les dernières attaques et à conserver, pour les assauts, la reprise des dehors, et, surtout pour l'assaut au corps de place, une réserve choisie parmi les vieux soldats de la garnison.

Dans aucun cas il ne se met à la tête des troupes lorsqu'elles font une sortie; il ne conduit jamais d'attaque lui-même, à moins que le salut de la place n'y soit attaché. Il ne doit s'exposer que dans les circonstances très importantes, sa mort pouvant entraîner la chute de la place.

Le commandant d'une place de guerre ne doit jamais perdre de vue qu'il défend l'un des boulevards de l'État, l'un des points d'appui de ses armées, et que de la reddition d'une place, avancée ou retardée d'un seul jour, peut dépendre le salut du pays.

Il doit rester sourd aux bruits répandus par la malveillance et aux nouvelles que l'ennemi lui ferait parvenir, résister à toutes les insinuations et ne pas souffrir que son courage ni celui de la garnison qu'il commande soient ébranlés par les événements.

Il ne doit pas oublier que les lois militaires condamnent à la peine de mort, avec dégradation

militaire, le commandant d'une place de guerre
qui capitule sans avoir forcé l'ennemi à passer par
les travaux lents et successifs des sièges, et avant
d'avoir repoussé au moins un assaut au corps de
place sur les brèches praticables.

Lorsque le commandant supérieur juge que le
dernier terme de la résistance est arrivé, il consulte
le conseil de défense sur les moyens de prolonger
le siège ; les opinions des membres du conseil sont
recueillies et consignées au registre des délibéra-
tions. Le commandant supérieur, le conseil entendu
et la séance levée, prend de lui-même, *en suivant
l'avis le plus énergique*, s'il n'est absolument
impraticable, les résolutions que le sentiment de
son devoir et de sa responsabilité lui suggère.
Dans tous les cas, il décide seul de l'époque et des
termes de la capitulation.

Jusque-là, il a le moins de communications possible avec l'ennemi ; il n'en tolère aucune. Il ne
sort jamais lui-même de la place pour parlementer ; il n'en charge que des officiers dont la fermeté, la présence d'esprit et le dévouement lui
sont personnellement connus.

Dans la capitulation (1), il ne se sépare jamais
de ses officiers et de ses troupes, et il partage leur
sort après comme pendant le siège. Il s'occupe

(1) Voir ci-après le chapitre IV, page 115.

surtout du soin d'améliorer le sort du soldat, et de stipuler, pour les blessés et les malades, toutes les clauses d'exception et de faveur qu'il peut obtenir.

Le bombardement est un des moyens psychologiques les plus énergiques pour obtenir la reddition d'une place dans laquelle se trouve entassée une population civile démoralisée quelquefois par l'idée même de la guerre, presque toujours par l'inaction qui en résulte pour elle, et en proie souvent aussi à de réelles souffrances.

Ce serait nier le droit même de la guerre que de prétendre qu'il est contraire à l'honneur militaire d'employer ce moyen pour réduire une localité quelconque, ouverte ou fermée, qui, après sommation, refuserait de se soumettre. Le bombardement est une des *nécessités* de la guerre; c'est, du reste, un système expéditif qui ne fait certes pas tant de victimes que les attaques lentes et régulières du corps de place; seulement ses victimes sont aussi souvent des habitants inoffensifs que des soldats.

Si le bombardement n'était qu'un acte de vengeance, il faudrait le condamner; mais s'il doit avoir de l'efficacité sur la conduite et la durée d'un siège ou des opérations de la guerre en général, il faut l'admettre.

Nous avons dit tout à l'heure qu'il pouvait être exécuté contre toute ville ouverte ou fermée qui refusait de se soumettre après sommation. « Il peut arriver que, sans résister directement, une ville soit située de telle sorte que le feu d'un fort voisin empêche l'assaillant d'y entrer et de s'y maintenir ; dans ce cas le bombardement peut être dirigé aussi bien sur la ville que sur la forteresse. Il en est autrement si nul obstacle n'est opposé à l'occupation de la ville ; l'assaillant doit alors l'épargner, il commettrait un acte odieux et condamnable s'il menaçait de la détruire pour obliger la forteresse à ouvrir ses portes (1). »

L'ennemi doit toujours dénoncer à l'assiégé son intention de bombarder la place, à moins cependant que le plan des opérations ne nécessite une attaque par surprise.

« Le droit de la guerre moderne, dit le professeur Dahn, interdit formellement de menacer les localités de pillage ou de bombardement pour obtenir le payement des contributions qui leur sont imposées.

Une place forte, armée, approvisionnée et défendue comme il convient, ne peut et ne doit se

____

(1) *Manuel de Droit international à l'usage des officiers de l'armée de terre.*

rendre qu'après les opérations successives d'un siège régulier dont le dernier acte est l'assaut.

Le droit des gens veut qu'une ville prise même d'assaut ne soit pas livrée au pillage ni soumise à un traitement plus dur qu'une ville non défendue. L'honneur militaire commande même qu'une ville qui s'est énergiquement défendue soit traitée avec d'autant plus d'égards qu'elle a vaillamment soutenu l'honneur de son pavillon. C'est un principe que toutes les nations militaires ont le devoir d'exalter, car elles montreront à leurs propres troupes, par son application, de quelle estime et de quel respect doivent être entourés le courage et le sentiment du devoir envers la patrie (1).

« Un général honnête ne se permettra plus de nos jours de menacer une ville forte de la livrer au pillage après l'assaut, dans le but d'en hâter la reddition ; il ne fera point entrevoir à ses soldats, pour stimuler leur ardeur, la perspective d'un riche butin, en leur promettant l'exécution militaire de la place. Il se déshonorerait en menaçant la garnison d'une forteresse assiégée de la passer au fil de l'épée, si elle lui opposait une résistance prolongée. »

« La place enlevée de vive force, les officiers contiendront leurs soldats, dit le général Thié-

(1) De Savoye.

5.

bault, et empêcheront qu'ils ne se dispersent dans la ville pour piller et, sous peine de la vie, ne fassent aucun tort ni violence.

« Le premier officier supérieur qui y aura pénétré fera mettre de suite bas les armes à toutes les troupes qui s'y trouveront, les réunira en un seul endroit, séparera les officiers des soldats, établira ses postes de sûreté, de défense et de police...

« Dès qu'il sera arrivé, le général nommera un commandant de place ou un gouverneur, composera la garnison des troupes qui auront le plus souffert ou qui se seront le plus distinguées pendant le siège...., réglera les logements de la garnison...., fera partir les prisonniers sous bonne escorte et évacuer les hôpitaux...., organisera le service de la garnison et du reste de l'armée, verra les autorités locales et les conservera ou les changera, fera constater tout ce qui existe en magasin par le chef d'état-major, fera remettre au payeur ou receveur, et sur récépissé valable, tout ce qui se trouvera dans les caisses; il fera en même temps détruire tous les travaux d'attaque, remettra la place en état de défense, et la réapprovisionnera, suivant le rôle qu'elle devra jouer, etc.... »

Il arrive encore souvent, même dans nos guerres modernes, que pour mieux s'assurer de l'observation des conventions militaires, ou de l'accomplissement d'autres points prescrits par les lois de la guerre, on se fait donner des otages ou qu'on les enlève de force.

« L'usage *des otages devrait être aboli*, dit Pascal Fiore, parce qu'il est illusoire et inefficace.

« En effet, si le souverain ne veut pas accomplir ses engagements, quels dédommagements en aura l'État en retenant près de lui les personnes données comme otages ? Pourront-elles satisfaire à l'obligation, ou réparer les dommages de l'inexécution ? Pourra-t-on les assujettir à quelque peine parce que leur gouvernement aura manqué à la foi promise ? »

Oui, cet usage est le plus souvent illusoire et inefficace ; nous irons plus loin, et nous dirons, avec M. Achille Morin, qu'il devrait être supprimé, car il n'est qu'un abus monstrueux de la force ; mais cependant nous ne devons pas oublier que dans la guerre la nécessité est loi, et que dans telles circonstances un général ne pourra soumettre un pays qu'en lui inspirant l'idée qu'à la moindre tentative de révolte, des êtres chers seraient les premières victimes de tout acte de rébellion contre lui.

Dans les projets du règlement général des rapports internationaux en temps de guerre, élaborés par la Conférence convoquée à Bruxelles par le cabinet de Saint-Pétersbourg en 1874, et dans les différentes propositions de la Société internationale (1), fondée dans un but analogue, il était posé en principe que les puissances belligérantes devraient s'interdire à l'avenir de prendre des otages (2).

Les rédacteurs du projet formulaient en même temps, pour le cas où cette proposition ne serait pas acceptée, les motions suivantes, qui doivent servir de règle du droit des gens entre nations civilisées :

« Si un otage est accepté, il est traité comme prisonnier de guerre, conformément à sa condition. Les otages peuvent être retenus jusqu'à l'exécution du traité ou jusqu'à ce que cette exécution soit suffisamment assurée. Une fois ce but réalisé, les otages ne peuvent pas être retenus sous prétexte que d'autres questions sont encore pendantes entre les deux États. Si le traité n'est pas exécuté, *on doit se borner à interdire aux otages le retour dans leur pays pendant la durée des hostilités.* »

Frapper les populations par la prise des otages peut donc être admis, mais faire d'un otage la vic-

---

(1) Société internationale pour l'amélioration du sort des prisonniers de guerre, fondée en France en 1872 et placée sous la protection de S. M. l'empereur de Russie.

(2) Art. 59 et suivants du projet de la Société internationale.

time de la non-exécution d'une convention à laquelle son honneur même lui défend quelquefois de prêter son concours ou de souscrire, serait un acte de barbarie contre lequel se soulèveraient toutes les consciences et qui appellerait sur son auteur le juste mépris et les justes remontrances des peuples civilisés.

Lorsque l'ennemi ne respecte pas les lois de la guerre, on peut se trouver dans la nécessité de recourir à des mesures de rigueur à l'égard de ses nationaux ou de leurs biens, proportionnées à l'étendue de la faute qu'il a commise. C'est ce qu'on appelle le droit de représailles.

Les représailles ne peuvent être considérées comme justifiées qu'autant qu'elles sont le seul moyen d'empêcher la répétition de barbares outrages. On doit cependant, en en usant, respecter les lois de l'humanité et ne les exercer qu'exceptionnellement et après une enquête sur les circonstances qui pourraient les motiver.

« De telles mesures ne doivent d'ailleurs jamais dépasser en rigueur les infractions qu'il s'agit de réprimer. Dans le cas contraire, l'ennemi pourrait répondre par des sévices encore plus graves, et l'on en arriverait ainsi à des actes de sauvagerie impardonnables (1). »

(1) *La Guerre*, par A. Salières.

Les états-majors des armées ennemies sont
dans l'absolue nécessité de se renseigner clan-
destinement sur la force, les mouvements et les
projets de leur adversaire; leur droit est en
même temps de réprimer, avec la plus grande
rigueur, toute tentative que fait cet adversaire
pour obtenir des données analogues sur leurs intentions; la conséquence de ces idées est l'obligation où l'on se trouve d'employer des espions et de sévir avec une énergie exceptionnelle
contre ceux qui pratiquent ce métier à notre détriment.

L'officier ou le simple citoyen qui, sur l'ordre
de ses chefs, ou dirigé par un sentiment de patriotisme, consent à risquer sa vie pour pénétrer chez
l'ennemi sous un déguisement et à s'emparer de
ses secrets, celui-là se dévoue à la cause de son
pays, et, non seulement il n'est pas coupable, mais
en se sacrifiant ainsi pour la cause de la patrie, il
devient digne d'admiration ; aussi la loi française,
d'une rigueur absolue contre les espions, permet-
elle aux juges, par l'admission de circonstances
atténuantes, de ne pas appliquer toujours la peine
capitale. Mais l'espion qui vend ses services est
un infâme, et celui qui sert l'ennemi de son pays
ajoute encore à sa honte le crime de trahison ; on
ne saurait hésiter à prononcer la peine de mort
contre de semblables gens. Un espion ne peut cependant être exécuté sans jugement; les conseils

de guerre ont seuls le droit de prononcer leur condamnation.

« Le but de la guerre ne devant jamais être l'extermination de l'ennemi, la mort est le dernier des moyens dont on puisse disposer pour le mettre hors de combat. Il faut donc que les efforts d'une armée tendent, autant que possible, à faire des prisonniers. Elle n'a pas le droit d'agir autrement quand l'ennemi offre de se rendre en déposant les armes. On ne peut légalement s'écarter de ce principe que si l'adversaire lui-même a refusé le premier de faire quartier à des troupes vaincues, ou bien dans le cas où il y aurait impossibilité d'emmener les prisonniers ou de les mettre en lieu sûr sans s'exposer à un danger réel (1). »

Est considéré comme prisonnier de guerre, le belligérant armé ou attaché à l'armée adverse pour un service actif qui est tombé dans les mains de l'autre armée, soit en combattant, soit en se rendant personnellement, soit à la suite d'une capitulation active (2).

Tous les soldats, à quelque arme qu'ils appartiennent, tous les hommes qui font partie d'une levée en masse dans le pays ennemi, tous ceux

(1) Dahn, *Le Droit de la guerre.*
(2) *Instructions des armées des États-Unis en campagne.*

qui sont attachés aux différents services de l'armée et qui concourent directement au but de la
guerre, tous les hommes et officiers rendus inaptes
au service sur le champ de bataille ou ailleurs,
s'ils sont captivés ; enfin, tous les ennemis qui
jettent leurs armes et demandent quartier, sont
prisonniers de guerre, et comme tels subissent les
inconvénients et jouissent des privilèges inhérents
à la qualité de prisonniers de guerre (1).

Le monarque et les membres de la famille ré-
gnante ennemie, le chef et les principaux fonctionnaires du gouvernement ennemi, ses agents
diplomatiques, et toutes les personnes dont les services sont d'une utilité particulière à l'arnée ennemie ou à son gouvernement, sont prisonniers de
guerre, s'ils sont pris sur le théâtre de la guerre
sans être munis de sauf-conduits délivrés par les
chefs de troupes qui les auront capturés (2).

Mais on s'accorde pour décider qu'ils doivent
être traités avec des égards particuliers en rapport avec leur situation.

Dans les cas d'absolue nécessité, les administrateurs des départements et des villes peuvent être
faits prisonniers, mais les membres de l'ordre

(1) *Instructions des armées des États-Unis en campagne,* art. 40,
modifié selon le texte du projet de règlement de la Société internationale pour l'amélioration du sort des prisonniers de guerre,
placée sous le patronage de S. M. l'empereur de Russie (1874).

(2) *Instructions américaines,* art. 50.

judiciaire ne sauraient l'être. L'occupation temporaire par l'ennemi ne doit pas les empêcher de
continuer l'exercice de leurs fonctions, qui est
nécessaire et d'intérêt général.

« Les non-combattants qui marchent à la suite
de l'armée, ecclésiastiques, médecins, auditeurs,
correspondants de journaux, ne peuvent être faits
prisonniers s'ils n'ont point pris part au combat, à
moins qu'ils ne demandent à partager la captivité
du corps auquel ils sont attachés, ou bien que leur
vainqueur n'estime que les soins de leur ministère
sont indispensables aux prisonniers (1). »

Les prisonniers de guerre appartiennent à
l'État ; celui qui a fait un prisonnier n'a aucun
droit sur sa personne ni sur ses biens, et c'est au
gouvernement seul de décider de son sort ; en tout
cas, les titres ou valeurs qu'il possède doivent lui
être remis à la cessation de la guerre.

Les prisonniers ne sont détenus ni comme condamnés ni comme prévenus, mais dans le seul but
de diminuer les forces actives de l'adversaire. Ils
ne peuvent danc être enfermés dans les prisons
destinées aux criminels et doivent être relâchés
aussitôt après la guerre.

Un prisonnier de guerre n'est passible d'aucune
peine, en tant qu'ennemi public ; aucune souf-

_____

(1) Dahn, *Le Droit de la guerre.*

france, aucun déshonneur, ne lui seront volontairement infligés dans une intention de représailles, ni emprisonnement, ni privation de nourriture, ni mutilation, ni la mort, ni aucun traitement barbare (1).

Si le prisonnier est muni de valeurs et d'objets précieux, il les garde par devers lui, mais il doit pourvoir lui-même à sa subsistance; s'il ne possède rien, il est entretenu par l'État, qui peut alors l'employer à des travaux propres à améliorer sa position (2).

Il n'est pas permis d'extorquer aux prisonniers, par des menaces ou de mauvais traitements, des révélations sur les forces militaires ou sur les affaires politiques de leur pays; on ne peut davantage les poursuivre pour avoir légitimement porté les armes contre le vainqueur, les enrôler de force contre leur pays ou contre d'autres puissances, les obliger à des travaux militaires, tels que terrassements, fortifications, etc., ni enfin s'en faire un rempart contre le feu de leurs compatriotes en se couvrant de leurs personnes.

« Le devoir commande, au contraire, de les protéger contre l'animosité des soldats et de la

(1) *Instructions américaines*, art. 36.
(2) Dahn, *Le Droit de la guerre*.

population, et de les garder dans l'intérieur du pays ou dans les places fortes (1). »

Les crimes ou délits commis par les prisonniers de guerre sont poursuivis conformément aux lois du pays où ils sont internés.

Lorsqu'un prisonnier cherche à s'évader, on est en droit, naturellement, de l'en empêcher par tous les moyens possibles, et il s'expose ainsi à être blessé ou tué. Mais s'il échoue, ou s'il est repris, après avoir réussi à s'échapper, il ne peut être puni; car il faut supposer que c'est le patriotisme qui l'a inspiré. Il n'en serait pas de même dans le cas où le prisonnier aurait pris l'engagement de ne pas s'échapper; l'honneur militaire lui commande de tenir la parole donnée, et, s'il y manque, il peut encourir toutes les peines qu'il plaît à l'ennemi de lui appliquer.

Si toutefois une conspiration, ayant pour but une évasion collective et générale, est découverte, les conspirateurs peuvent être rigoureusement punis. Ils peuvent même être mis à mort. La peine capitale peut aussi être infligée aux prisonniers de guerre convaincus de tentatives de rébellion contre les autorités du gouvernement dont ils sont les prisonniers, et de complots dans

(1) Dahn.

ce but avec leurs compagnons de captivité ou d'autres personnes (1).

Les prisonniers doivent obéir aux autorités chargées de leur surveillance; toute infraction aux ordres qu'ils en reçoivent les rend passibles de peines disciplinaires.

« Les peines prévues pour l'insubordination et la rébellion des prisonniers de guerre sont applicables aux complots qui se forment entre eux, soit pour s'évader en masse, soit pour attaquer les troupes préposées à leur garde. Dans les circonstances graves, les fauteurs sont passés par les armes (2). »

Il arrive fréquemment que les officiers, et même, mais plus rarement, les soldats, sont laissés libres sur parole, c'est-à-dire qu'ils s'engagent, sur l'honneur, à remplir fidèlement les conditions dans lesquelles on leur accorde la liberté; on exige généralement qu'ils ne combattent plus pendant toute la durée de la campagne.

Cet engagement ne se rapporte qu'au service actif en campagne, contre le belligérant auquel la parole a été donnée et contre ceux de ses alliés qui prennent une part effective à la même guerre; violer en pareil cas sa parole est un crime, qui peut être puni de mort.

(1) *Instructions américaines*, art. 77.
(2) Dahn.

« Est puni de mort tout militaire qui, ayant faussé sa parole, est repris les armes à la main (1). »

Mais la peine capitale encourue dans ce cas par des prisonniers, ne peut leur être infligée qu'après qu'ils ont été traduits devant une commission militaire, chargée de constater l'identité des individus et la réalité des faits.

Les prisonniers mis en liberté sur parole peuvent être employés à remplir des fonctions civiles ou des missions diplomatiques (2).

Les prisonniers de guerre ne peuvent être forcés de s'engager sur parole à faire ou à ne pas faire quelque chose, et aucun gouvernement n'est tenu d'accepter la parole des prisonniers. Mais chacun des États belligérants peut, par une loi générale, déclarer si et sous quelles conditions il mettra les prisonniers en liberté sur parole.

Il en est de même pour la liberté relative ou partielle accordée sur l'engagement de ne pas quitter la contrée ou chercher à s'enfuir (*Instructions américaines*, art. 133. *Droit international codifié*, 620).

« Jamais un officier ne peut malgré lui être mis

______

(1) *Code de justice militaire français*, en 1857, art. 204. *Code militaire maritime français*, 1858, art. 562. *Instructions américaines*.

(2) *Règlement américain*, art. 130. *Droit international codifié*, art. 623, modifié d'après le texte de la Société internationale.

en liberté sous caution, car il peut lui sembler bon
d'attendre des circonstances qui lui permettent de
continuer ses services à sa patrie. Pour la même
raison, les militaires, quel que soit leur grade,
ne devraient accepter la liberté sous condition
qu'avec l'agrément de leur chef, que celui-ci soit
pris avec sa troupe ou que les prisonniers dis-
posent d'un moyen quelconque pour obtenir son
assentiment.

« C'est pour ce motif aussi que l'État n'est pas
tenu de ratifier les conditions acceptées par un
prisonnier pour être relâché; lorsque cette rati-
fication lui est refusée, la loyauté commande
au libéré de se constituer prisonnier de nouveau (1). »

Pendant la guerre, il intervient quelquefois entre les belligérants des conventions pour l'échange
de leurs prisonniers respectifs. Ces conventions
portent le nom de *cartels d'échange*.

Les échanges se font généralement d'après le
principe de l'égalité de grade. Si l'un des partis
n'a pas fait de prisonniers d'un rang aussi élevé
que ceux qui se trouvent entre les mains de l'autre
parti, on renvoie ordinairement un plus grand
nombre de prisonniers d'un rang inférieur.

Les cartels d'échange contiennent presque tou-

____

(1) Dahn, *Le Droit de la guerre.*

jours une clause relative à l'obligation pour les militaires échangés de ne plus servir pendant la durée de la campagne.

Aussitôt qu'une condition est mise à l'échange, on ne peut obliger un officier à l'accepter, et dès lors à être mis en liberté malgré lui.

L'échange des prisonniers est entièrement facultatif pour les belligérants. S'il n'a pas été conclu de cartel général, l'échange ne peut être réclamé par aucun d'eux, et aucun d'eux n'est obligé d'y consentir.

Un cartel peut être annulé aussitôt qu'il a été violé par l'un ou l'autre des belligérants (*Instructions américaines*, art. 109).

L'honneur oblige le prisonnier de guerre à déclarer son véritable grade à celui qui le capture. Il ne lui est pas permis de s'attribuer un grade ou rang inférieur en vue de procurer un échange plus avantageux à son gouvernement, ni un rang supérieur pour se procurer à lui-même un traitement meilleur.

Cette infraction peut motiver le refus de mettre en liberté les prisonniers qui l'ont commise (*Instructions américaines*).

Le règlement du 6 mai 1859, relatif à la direction, à la police et au placement des prisonniers de guerre, contient les dispositions suivantes :

« Art. 1er. — Les mesures à prendre envers les

officiers prisonniers de guerre, pendant leur marche, seront déterminées par les généraux, d'après le grade, le rang, la conduite et les dispositions de ces officiers.

« Art. 2. — Aux termes de l'article V du décret impérial du 4 août 1811, qui n'a pas été abrogé et est toujours applicable, les prisonniers de guerre ayant rang d'officier, ainsi que les otages, peuvent jouir du privilège de se rendre librement et sans escorte au lieu qui leur est assigné, et d'y résider sans être détenus, après, toutefois, qu'ils ont donné leur parole de ne pas s'écarter de la route qui leur est tracée, ni de sortir de leur résidence. En cas d'infraction à sa parole, l'officier n'est plus considéré et traité que comme soldat.

« Art. 3. — Les sous-officiers et soldats seront conduits dans les dépôts par des escortes proportionnées à la force des détachements.

« Art. 4.—Il sera adressé, à l'état-major de l'armée ou du corps expéditionnaire, un état nominatif des officiers prisonniers, avec l'indication de leur grade.

« Quant aux sous-officiers et soldats, il en sera seulement dressé un état numérique.

« Ces pièces seront transmises immédiatement au ministre de la guerre.

« Art. 5. — Un état sera remis au commandant de l'escorte de chaque détachement.

« Art. 6.—La force des colonnes de prisonniers

sera déterminée par les états-majors, d'après les circonstances, les moyens d'escorte et les dangers de la route qu'elles auront à parcourir. Elles seront escortées par la gendarmerie ou par des troupes de ligne, qui seront relevées de gîte en gîte par les soins des autorités civiles ou militaires. »

« Les raisons qui amènent les États à faire des prisonniers de guerre les conduisent à soigner les blessés qui tombent entre leurs mains. Quant aux habitants du pays où la guerre a lieu, le patriotisme leur impose de soigner leurs compatriotes, et l'humanité leur fait un devoir de soigner leurs ennemis (1). »

Les États se sont accordés pour régler en commun la conduite qu'ils devraient tenir, en cas de guerre, à l'égard de leurs blessés réciproques ; cet accord a été consacré par la convention signée à Genève le 22 août 1864, entre divers États européens, et à laquelle presque toutes les autres puissances ont adhéré depuis.

Cette convention est ainsi conçue :

S. M. l'empereur des Français, S. A. R. le grand-duc de Bade, S. M. le roi des Belges, S. M. le roi

____

(1) *Précis du droit des gens*, par Funck-Brentano et Albert Sorel.

6

de Danemark, S. M. la reine d'Espagne, S. A. R. le grand-duc de Hesse, S. M. le roi d'Italie, S. M. le roi des Pays-Bas, S. M. le roi de Portugal et des Algarves, S. M. le roi de Prusse, la Confédération suisse, S. M. le roi de Wurtemberg,

Également animés du désir d'adoucir, autant qu'il dépend d'eux, les maux inséparables de la guerre, de supprimer les rigueurs inutiles et d'améliorer le sort des militaires blessés sur le champ de bataille, ont résolu de conclure une convention à cet effet, et ont nommé pour leurs plénipotentiaires ;

Savoir :

(Suit l'indication des plénipotentiaires.)

Lesquels, après avoir échangé leurs pouvoirs, trouvés en bonne et due forme, sont convenus des articles suivants :

« Art. 1er. — Les ambulances et les hôpitaux militaires seront reconnus neutres et, comme tels, protégés par les belligérants, aussi longtemps qu'il s'y trouvera des malades ou des blessés.

« La neutralité cesserait si ces ambulances ou ces hôpitaux étaient gardés par une force militaire.

« Art. 2. — Le personnel des hôpitaux et des ambulances, comprenant l'intendance, les services de santé, d'administration, de transport de blessés, ainsi que les aumôniers, participera aux bénéfices de la neutralité, lorsqu'il fonctionnera et tant qu'il restera des blessés à relever et à secourir.

« Art. 3. — Les personnes désignées dans l'article précédent pourront, même après l'occupation par l'ennemi, continuer à remplir leurs fonctions dans l'hôpital ou l'ambulance qu'elles desservent, ou se retirer pour rejoindre le corps auquel elles appartiennent.

« Dans ces circonstances, lorsque ces personnes cesseront leurs fonctions, elles seront remises aux avant-postes ennemis par les soins de l'armée occupante.

« Art. 4. — Le matériel des hôpitaux militaires demeurant soumis aux lois de la guerre, les personnes attachées à ces hôpitaux ne pourront, en se retirant, emporter que les objets qui sont leur propriété particulière.

« Dans les mêmes circonstances, au contraire, l'ambulance conservera son matériel.

« Art. 5. — Les habitants du pays qui porteront secours aux blessés seront respectés et demeureront libres.

« Les généraux des puissances belligérantes auront pour mission de prévenir les habitants de l'appel fait à leur humanité et de la neutralité qui en sera la conséquence.

« Tout blessé recueilli et soigné dans une maison y servira de sauvegarde à l'habitant; qui aura recueilli chez lui des blessés sera dispensé du logement des troupes, ainsi que d'une partie des contributions de guerre qui seraient imposées.

« Art. 6. — Les militaires blessés ou malades seront recueillis et soignés, à quelque nation qu'ils appartiennent.

« Les commandants en chef auront la faculté de remettre immédiatement aux avant-postes ennemis les militaires ennemis blessés pendant le combat, lorsque les circonstances le permettront, et du consentement des deux parties.

« Seront renvoyés dans leur pays ceux qui, après guérison, seront reconnus incapables de servir.

« Les autres pourront être également renvoyés, à la condition de ne pas reprendre les armes pendant la durée de la guerre.

« Les évacuations ainsi que le personnel qui les dirige seront couverts par une neutralité absolue.

« Art. 7. — Un drapeau distinctif et uniforme sera adopté pour les hôpitaux, les ambulances et les évacuations. Il devra être, en toute circonstance, accompagné du drapeau national.

« Un brassard sera également admis pour le personnel neutralisé; mais la délivrance en sera laissée à l'autorité militaire.

« Le drapeau et le brassard portent une croix rouge sur fond blanc.

« Art. 8. — Les détails d'exécution de la présente convention seront réglés par les commandants en chef des armées belligérantes, d'après les instructions de leurs gouvernements respectifs, et conformément aux principes généraux énoncés dans cette mention. »

A ce règlement doivent être joints les articles additionnels du 20 octobre 1868, qui, bien que n'ayant pas encore été ratifiés officiellement par toutes les puissances signataires, ont été observés rigoureusement par les belligérants dans toutes les guerres survenues en Europe depuis leur publication.

Ces articles additionnels sont ainsi conçus :

« Art. 1er. — Le personnel désigné par l'art. 2 de la convention continuera, après l'occupation par l'ennemi, à donner, autant qu'il sera nécessaire, ses soins aux malades et aux blessés qui se trouvent à l'ambulance ou à l'hôpital qu'il dessert. Si ce personnel demande à se retirer, le commandant de l'armée d'occupation fixera le moment de son départ, qui pourra néanmoins être différé de quelques jours, mais seulement s'il ne se présente des circonstances qui rendent cette mesure indispensable.

« Art. 2. — Les puissances belligérantes prendront des mesures pour que le personnel neutralisé, qui viendrait à tomber en leur pouvoir, entre

6.

en jouissance immédiate des privilèges qui lui
sont assurés.

« Art. 3. — Dans les cas prévus par les art. 1 à
4 de la convention, la désignation d'ambulance
s'applique aux hôpitaux roulants et à tous les établissements temporaires organisés pour la circonstance, qui suivent les troupes, sur le champ de
bataille, pour y recueillir les malades et les
blessés.

Art. 4. — D'après le sens de l'art. 5 de la con
vention, et les réserves stipulées dans le protocole
de 1864, il est entendu que, en ce qui eoncerne la
répartition du logement des troupes et de la con-
tribution de guerre, il ne sera tenu compte aux
habitants de leurs actes d'humanité, que propor-
tionnellement à la sincérité avec laquelle ils s'en
acquittent.

« Art. 5. — D'après le sens de l'art. 6, les blessés tombés entre les mains de l'ennemi (sauf les
officiers, dont la possession pourrait avoir quelque
influence sur le succès des armes) pourront, dans
les limites du paragraphe 2 de cet article, être
renvoyés dans leur pays après leur guérison, ou
avant s'il est possible, quand bien même ils ne
seraient pas trouvés impropres au service, mais
sous la condition de ne plus prendre les armes
pendant toute la durée de la campagne. »

Un décret du 2 mars 1878 porte règlement pour

le fonctionnement de la Société française de secours aux blessés des armées de terre et de mer. Ce décret est ainsi conçu :

Le Président de la République française,

Sur le rapport du ministre de la guerre et du ministre de la marine et des colonies ;

Vu le décret du 23 juin 1866, reconnaissant comme établissement d'utilité publique la Société de secours aux blessés des armées de terre et de mer ;

Vu le décret du 31 décembre 1870, relatif à la même Société ;

Le conseil d'État entendu,

Décrète :

Art. 1er. — La Société française de secours aux blessés des armées de terre et de mer est autorisée, en temps de guerre : 1° à créer sur les derrières des armées, dans les régions qui lui sont désignées par le ministre de la guerre ou les généraux commandant en chef, suivant le cas, des établissements hospitaliers destinés à recevoir des blessés et des malades appartenant aux armées ; 2° à prêter, dans les conditions indiquées au présent règlement, son concours au service des ambulances d'évacuation et des ambulances de gares. Ce concours ne peut être étendu aux ambulances actives des armées qu'en cas d'insuffisance des moyens dont dispose l'administration de la guerre, et sur autorisation spéciale du ministre, ou, en cas d'urgence, des généraux commandant en chef.

En temps de paix, la Société adresse, tous les six mois, au ministre de la guerre, un rapport destiné à lui faire connaître les moyens dont elle dispose.

Art. 2. — Toutes les associations qui pourraient se former dans le même but, et qui ne seraient pas reconnues comme établissements d'utilité publique, devront être rattachées à la Société de secours, et seront, dès lors, assujetties aux dispositions du présent règlement.

Cette disposition ne s'applique pas aux ambulances locales, dont l'action ne s'étend pas hors de la commune où sont établies lesdites ambulances.

Art. 3. — Nul ne peut être employé par la Société de secours, s'il n'est Français ou naturalisé Français, et s'il n'est dégagé de toutes les obligations imposées par la loi du 27 juillet 1872 sur le recrutement de l'armée, et par la loi du 3 brumaire an IV sur l'inscription maritime.

Néanmoins, les hommes appartenant à la réserve de l'armée territoriale peuvent exceptionnellement, sur des autorisations nominatives données par le ministre de la guerre, être admis à faire partie du personnel employé par cette Société.

Sont recrutés : les médecins traitants, parmi les docteurs en médecine ; les médecins-aides, parmi les docteurs en médecine et les officiers de santé ; les pharmaciens, parmi les pharmaciens diplômés.

Art. 4. — La Société est représentée :

A l'intérieur :

1° Auprès du ministre de la guerre et du ministre de la marine et des colonies, par le président de la Société ;

2° Dans chaque région de corps d'armée où elle a des centres d'action, par un délégué régional nommé par le conseil supérieur de la Société, agréé par le ministre de la guerre, et accrédité par lui auprès du général commandant le corps d'armée.

Aux armées :

Auprès de chaque général commandant d'armée ou de corps d'armée opérant isolément, par un délégué d'armée nommé par le conseil supérieur, agréé et commissionné par le ministre de la guerre.

Lorsque la Société est appelée à coopérer au service des évacuations, elle est représentée auprès des commissions de lignes de chemins de fer de campagne par des délégués spéciaux, dont les nominations sont faites au fur et à mesure des besoins, par le délégué d'armée, sauf l'agrément de l'autorité militaire.

Art. 5. — Le personnel d'exécution, médecins, pharmaciens, comptables, reste exclusivement au choix de la Société, sous les réserves indiquées à l'art. 3; mais au début, et préalablement au fonctionnement du service, les différents délégués régionaux et autres adressent aux autorités militaires un contrôle nominatif du personnel employé sous leurs ordres. Ils font connaitre, au cours du service, les mutations qui se produisent.

Art. 6. — Le personnel de la Société de secours, lorsqu'il est employé aux armées, est soumis aux lois et règlements militaires. Il est justiciable des tribunaux militaires, par application des art. 62 et 75 du Code de justice militaire.

Art. 7. — Le président de la Société de secours est l'intermédiaire entre le ministre de la guerre et la Société.

C'est à lui que sont adressées toutes les communications officielles ayant pour objet l'organisation générale du service de la Société.

Lors de la mobilisation de l'armée, le ministre de la guerre lui fait connaître les parties du service hospitalier au fonctionnement desquelles la Société doit participer.

Au cours des opérations, l'extension à donner à cette première part d'action lui est notifiée par le ministre, qui en fixe chaque fois les limites.

Art. 8. — Les délégués régionaux ne correspondent pas avec le ministre; ils sont tenus de s'adresser aux généraux commandant les régions de corps d'armée, pour toutes les affaires où l'intervention de l'autorité militaire peut être nécessaire.

Ils fournissent mensuellement au général un rapport sur le fonctionnement du service dans leur circonscription.

Art. 9. — Les délégués aux armées sont entièrement subordonnés aux chefs militaires près desquels ils sont accrédités.

Ils ne prennent aucune mesure, de quelque nature qu'elle soit, sans avoir préalablement obtenu leur assentiment; ils doivent, du reste, se conformer à tout ordre concernant le service que ces chefs leur adressent, soit directement, soit par l'intermédiaire des directeurs du service hospitalier.

Art. 10. — A l'intérieur et aux armées, aucun établissement hospitalier ne peut être créé par l'assistance volontaire sans une entente préalable avec l'autorité militaire, au sujet de l'importance à donner à l'établissement, et du choix de son emplacement.

En principe, les hôpitaux à organiser ne doivent pas avoir plus de deux cents lits et moins de vingt.

La fermeture d'un établissement reste soumise à la même formalité d'entente préalable. Aux armées, la clôture ne peut être prononcée que par le ministre ou par les généraux commandant en chef.

Art. 11. — La Société de secours se procure, pour chaque établissement qu'elle crée, le matériel nécessaire à l'exécution du service.

Toutefois, si l'organisation d'un établissement reconnu indispensable ne peut être effectuée faute de certaines ressources en matériel, l'administration de la guerre peut mettre exceptionnellement à la disposition de la Société, à titre de prêt, tout ou partie de ce matériel.

Dans ce cas, la Société demeure responsable du matériel prêté, dont il est dressé contradictoirement un inventaire évaluatif en triple expédition.

L'une de ces expéditions reste entre les mains du délégué régional; la seconde est déposée dans les archives de l'administration militaire locale, et la troisième est adressée au ministre de la guerre.

Art. 12. — Dans les localités où la Société de secours crée des établissements hospitaliers, elle est tenue de fournir, avec ses propres ressources, les denrées et objets de consommation nécessaires au traitement des malades.

Par exception, si la Société desservait des établissements dans une place investie où les ressources lui feraient défaut, l'administration militaire pourrait lui fournir les denrées et objets de consommation devenus nécessaires.

Ces fournitures, délivrées sur bons régulièrement établis et visés par le sous-intendant militaire, seraient effectuées contre remboursement par la Société, dans la limite des ressources financières.

Art. 13. — L'autorité militaire détermine les catégories de blessés et de malades dont le traitement peut avoir lieu dans les établissements desservis par la Société.

Art. 14. — Les conditions de traitement des malades admis dans les établissements desservis par la Société de secours, en ce qui concerne le régime alimentaire, les prescriptions et le fonctionnement du service intérieur, doivent, autant que possible, se rapprocher des règles en vigueur dans les hôpitaux militaires ou dans les hospices civils de la localité.

Le soin de régler cette partie du service appartient au délégué régional ou à ses représentants.

Néanmoins, tous les établissements créés par la Société de secours demeurent placés, au point de vue du contrôle et de la discipline, sous la surveillance de l'autorité militaire, qui a toujours la libre entrée dans l'établissement.

Art. 15. — A l'arrivée d'un malade dans l'établissement, il en est fait immédiatement mention sur le *registre de mouvement*, dont toutes les colonnes sont remplies exactement, d'après les indications du billet d'entrée, et, à défaut, d'après les renseignements qu'on peut se procurer auprès des malades.

Le sous-intendant militaire s'assure fréquemment de la bonne tenue de ce registre.

Il est en outre établi, pour chaque entrant, un *billet de salle* qui lui est remis.

Si un malade possède, à son entrée, des bijoux, des valeurs, etc., il doit en faire le dépôt à l'employé comptable de l'établissement, qui en devient responsable, en délivre un reçu particulier, et en fait l'inscription sur un registre spécial.

Art. 16. — Les malades dont la guérison est achevée, ou dont le séjour dans l'établissement n'est plus motivé, sont désignés chaque jour par les médecins pour sortir le lendemain.

Le billet de salle reçoit la mention de la sortie ; après que les indications portées sur ce billet ont été remplies, il est remis au malade, et lui sert de billet de sortie.

L'indication de la sortie doit figurer sur le registre du mouvement.

Les objets et valeurs qui sont la propriété des sortants, et qu'ils avaient déposés, lors de leur entrée dans l'établissement, leur sont rendus après qu'ils les ont reconnus et qu'ils en ont donné décharge sur le registre des dépôts.

L'employé comptable est tenu d'adresser chaque jour à l'autorité militaire de la localité l'état nominatif des hommes dont la sortie est prescrite par le médecin pour le lendemain.

Art. 17. — Lorsqu'un malade vient à décéder dans un établissement desservi par la Société, l'employé comptable se conforme, pour les formalités à remplir, aux dispositions du règlement sur le service de santé de l'armée (art. 514 et suivants).

Il est ouvert à cet effet, dans chaque établissement, un *registre de décès*. Un extrait en est adressé, dans les vingt-quatre heures, à l'officier de l'état civil.

Les effets, bijoux, valeurs, laissés par un décédé, reçoi-

7

vent les destinations indiquées au titre VIII du règlement sur le service de santé de l'armée.

Art. 18. — L'employé comptable de chaque établissement adresse chaque jour, à l'autorité militaire, un état particulier des malades de la veille, indiquant dans un tableau récapitulatif le nombre des malades que peut contenir l'établissement, et le nombre des lits occupés.

Art. 19. — Les imprimés et registres en usage dans les hôpitaux militaires, et prescrits par les articles ci-dessus, sont fournis par l'intendant militaire au délégué régional, qui demeure chargé d'en faire la répartition dans les établissements de la région desservis par la Société.

Dès leur réception dans les établissements, les registres doivent être cotés et parafés par le sous-intendant militaire ou son suppléant.

Art. 20. — La Société de secours reçoit de l'administration de la guerre, par journée de malade traité dans ses établissements et à titre de part contributive de l'État, une indemnité fixe de 1 franc.

Cette indemnité n'est point due pour les journées de sortie ou de décès, à moins que la sortie ou le décès n'ait lieu le jour même de l'entrée du malade dans l'établissement.

La Société reste chargée de faire procéder à ses frais à l'inhumation des militaires décédés dans ses hôpitaux, ainsi qu'à la célébration du service mortuaire.

Art. 21. — Le montant des journées de traitement, décompté conformément aux dispositions qui précèdent, est ordonnancé, mensuellement, sur la simple production d'un extrait du registre du mouvement des malades, établi par l'employé comptable de l'établissement, certifié véritable par le comité local, vu et vérifié par le sous-intendant militaire.

L'ordonnancement a lieu soit par l'intendant militaire, au nom du délégué régional, dûment autorisé à cet effet par le Conseil supérieur, soit par les sous-intendants militaires, au nom des comités locaux, quand le délégué régional en fait la demande.

Art. 22. — Les règles administratives relatives aux hommes de l'armée de mer traités dans les hôpitaux militaires sont applicables aux mêmes hommes quand ils sont traités dans les établissements hospitaliers de la Société de secours.

Art. 23. — Le personnel de la Société est autorisé à porter le brassard institué en vertu de l'art. 7 de la convention de Genève en date du 22 août 1864, dans les conditions déterminées par les règlements de ladite Société.

Les brassards sont exclusivement délivrés par l'intendant militaire régional, et revêtus de son cachet et du numéro de série de la région, sur la production du contrôle nominatif du personnel employé dans chaque établissement.

Il est délivré en même temps une carte nominative qui porte le même numéro que le brassard et qui est signée par le délégué régional et par l'intendant. Tout porteur de brassard doit être constamment muni de cette carte.

Art. 24. — A la fermeture de chaque établissement desservi par la Société de secours, les registres dont la tenue est prescrite par le présent règlement sont transmis à l'intendant militaire de la région territoriale, par les soins des sous-intendants, qui demeurent chargés de les faire remettre par les employés comptables, dûment autorisés à cet effet par le délégué régional.

Ce dernier adresse au Ministre de la guerre, par l'intermédiaire du président de la Société :

1° Un rapport d'ensemble sur le fontionnement des hôpitaux et ambulances de la région ;

2° La statistique des maladies et blessures qui y ont été traitées, avec indication des résultats obtenus.

Art. 25. — Les Sociétés de secours étrangères ne pourront être admises à fonctionner concurremment avec la Société française que sur autorisation formelle du Ministre de la guerre, et avec la réserve :

1° De se placer sous la direction de la Société française ;

2° De se conformer au présent règlement ;

3° De n'opérer que dans les régions qui leur seront assignées par le Ministre de la guerre.

Art. 26. — Le Ministre de la guerre et le ministre des colonies sont chargés de l'exécution du présent décret.

Fait à Versailles, le 2 mars 1878.

Signé : Maréchal DE MAC-MAHON.

Par le Président de la République :

Le Ministre de la guerre,
Signé : BOREL.

Le Ministre de la marine,
Signé : POTHUAU.

CHAPITRE IV

DES CONVENTIONS ENTRE BELLIGÉRANTS.

Des moyens de communiquer avec l'ennemi pendant la période des
hostilités. — Des parlementaires. — Des conventions en général. — Suspensions d'armes.— Trêves.— Armistices. — Capitulations.

Les opérations et les besoins de la guerre peuvent nécessiter des communications avec l'ennemi,
et l'on entend par mission à l'ennemi l'exécution
de l'ordre en vertu duquel on communique avec
lui.

Les missions n'ont lieu que sur l'ordre du général en chef de l'armée, du gouverneur ou du
commandant supérieur d'une place assiégée, ou,
enfin, du commandant d'un corps détaché opérant
isolément.

« Leur objet consiste ordinairement dans
« l'échange des prisonniers, le dépôt des secours
« ou des effets qu'on leur envoie, les demandes de
« renseignements sur des officiers dont on ignore
« le sort, quelques arrangements relatifs aux
« blessés, à l'enterrement des morts, la remise

« d'une dépêche ou la négociation d'une conven-
« tion quelconque. »

Ces questions sont traitées soit par lettres, soit dans des conférences verbales, mais toujours avec un caractère officiel. L'officier chargé d'entrer en rapport avec l'ennemi pour la remise de dépêches, ou pour conférer avec lui, s'appelle parlemen-taire.

Tout autre moyen de communiquer avec l'ennemi est formellement interdit. La loi du 21 brumaire an v déclarait coupable de trahison, et, comme tel, punissait de mort, « tout militaire, ou « autre individu appartenant à l'armée, qui entre-« tiendrait une correspondance dans l'armée « ennemie sans la permission par écrit de son su-« périeur ».

Le Code de justice militaire de 1857 maintient la peine en l'aggravant de la dégradation militaire (art. 205), mais en restreint l'application.

Les communications avec l'ennemi doivent être, du reste, aussi rares que possible; leur fréquence est toujours un indice de faiblesse dans le com-mandement; et quand il s'agit de places assiégées surtout, elles ont pour résultat d'ébranler la con-fiance et le moral des troupes.

Les parlementaires peuvent être chargés d'une mission verbale, ou simplement de la transmission d'une dépêche écrite. Ils doivent profiter de l'entrevue avec l'ennemi pour se rendre compte, autant que possible, et sans en avoir l'air, de l'état de son armée, de ses desseins, etc. Il importe donc que, dans le lieu où sera reçu le parlementaire, les troupes soient disposées et toutes choses ordonnées de façon à ce qu'il ne puisse s'apercevoir de l'état de faiblesse ou de pénurie dans lequel se trouve l'armée. De même le parlementaire doit être choisi avec soin, non seulement au point de vue des qualités de l'esprit, mais encore au point de vue des qualités physiques. Son escorte sera pareillement recrutée d'une façon toute spéciale ; on veillera à ce que les hommes soient intelligents, dévoués, discrets, et en même temps de belle prestance et bons cavaliers, que leurs montures soient en parfait état, que tout enfin en eux puisse faire supposer la prospérité de l'armée qu'ils représentent.

Le règlement français sur le service des armées en campagne (Ordonnance du 3 mai 1832) contient, sur l'envoi et la manière de recevoir les parlementaires, des prescriptions détaillées ; nous les résumerons en quelques mots.

Les parlementaires sont accompagnés d'un trompette, d'un porte-fanion (fanion blanc), et d'une escorte dont la force varie suivant le rang du parlementaire.

Lorsqu'il est en vue de l'ennemi, ou lorsqu'il est arrêté par la sentinelle ou la vedette avancée, il fait sonner trois appels. Le commandant du poste avancé envoie aussitôt le reconnaître.

« Si sa mission consiste à remettre un paquet, le commandant du poste le recevra, à moins d'ordres contraires, en donnera un reçu; à quelque personne qu'il puisse être adressé, il l'enverra de suite au général commandant la division, ou au général en chef s'il est à portée; de plus, il fera repartir sur-le-champ le parlementaire. Si elle consiste dans la demande d'une entrevue, et si le commandant du poste n'a pas reçu d'ordres contraires, il fera de suite bander les yeux à l'officier parlementaire, de quelque grade qu'il soit, au trompette et aux ordonnances, leur fera tourner le dos à son poste et à la position de son armée, ou du moins à la route qui y mène; il détachera une ordonnance pour annoncer l'arrivée d'un parlementaire, prévenir du motif de sa mission et demander les ordres du général.

« C'est d'après ces ordres que le parlementaire est reçu ou renvoyé. — S'il est reçu, il n'y a plus que son trompette qui reçoive l'autorisation de le suivre, et, dans ce cas, on les conduit, sans leur débander les yeux, jusqu'au quartier général, où, suivant les circonstances, ils jouissent d'une liberté à propos de laquelle l'officier et son trompette, qui doit être intelligent, prennent les renseignements désirés et répandent des nouvelles d'après les instructions qu'ils ont reçues.

« L'objet unique ou essentiel de la mission rempli, l'officier parlementaire est reconduit, les yeux bandés, au poste avancé où il a été reçu ; là, on lui débande les yeux, après quoi il revient faire son rapport au général et lui remettre les dépêches dont il peut être porteur (1). »

Les parlementaires sont sous la protection du droit des gens.

« Cette protection s'étend à ceux qui les accompagnent. On ne doit ni tirer sur eux, ni user de violence à leur égard, ni les faire prisonniers. Méconnaître ces prohibitions, c'est enfreindre gravement les lois de la guerre. Le parlementaire perd ses droits à l'inviolabilité s'il abuse de sa situation privilégiée pour provoquer ou commettre un acte de perfidie. Il s'expose alors à être traité comme un espion ou un traître ; mais les mesures de rigueur prises contre lui et les motifs qui en auront déterminé l'application devront toujours être portés sans retard à la connaissance de l'ennemi (2). »

« Le droit des gens protège la personne des

(1) Général Thiébault : *Manuel des états-majors.*
(2) *Manuel de Droit international à l'usage des officiers de l'armée de terre.*

7.

parlementaires pendant tout le temps de leur séjour chez l'ennemi. Bien que le droit des gens ait
été parfois violé sous ce rapport, bien qu'on ait
souvent tiré sur des parlementaires, se présentant
cependant dans les formes voulues (accompagnés
d'un trompette sonnant au parlementaire et protégés par le drapeau blanc), il est bon de reconnaître que ces faits, imputables parfois à un excès
résultant d'une haine de races, ont été le plus
souvent causés par l'ignorance des corps de
troupes ou des individus. La sécurité même que le
droit des gens assure au parlementaire impose à
celui-ci l'obligation de se tenir strictement dans les
limites de la mission qu'il doit remplir auprès du
commandant en chef du corps ennemi, et d'éviter
avec soin tout abus qui pourrait résulter de sa présence parmi les troupes ennemies. En agissant
autrement, il renoncerait de lui-même à la protection qui lui est donnée par le droit des gens, et il
s'exposerait à toutes les rigueurs avec lesquelles
l'ennemi pourrait à bon droit le traiter (1). »

Le 24 août 1870, à la suite de l'attaque de vive
force que l'armée du prince de Saxe, en marche
sur la Meuse, tenta sur Verdun, et qui échoua, le
trompette du parlementaire prussien, jeté préci-
pitamment dans le faubourg Pavé, au milieu d'une

____

(1) *Le service d'état-major,* par Bronsart von Schellendorff;
trad. du cap. Weil.

fusillade énergique, fut tué avant qu'on ait pu apercevoir le drapeau blanc et suspendre le tir.

. M. de Bismark fit du bruit en Europe pour ce cavalier témérairement lancé sous le tir direct de l'artillerie et de la mousqueterie. A l'entendre, les Français, gens d'un naturel féroce, égorgeaient volontairement les parlementaires (1).

On ne saurait cependant exiger, au cours d'un engagement, la suspension du feu sous prétexte de parlementer. Un tel expédient peut sauver une troupe compromise ou faciliter la reconnaissance des positions de l'ennemi; c'est ainsi qu'à la première attaque de Toul par les Allemands, en 1870, l'état-major des assaillants inspecta les fronts de la place à 500 mètres de distance, tandis qu'un officier prussien amusait la garnison avec une sommation.

Les parlementaires doivent rentrer au pas. Pendant la guerre de 1870, au siège de Strasbourg, un parlementaire et son trompette s'étant retirés au galop, leur drapeau ne fut pas aperçu, et par méprise ils furent blessés tous deux. Le résultat de la correspondance échangée à ce sujet entre les deux commandants opposés fut qu'il y avait lieu de prescrire dans l'avenir, à tous les parlementaires, de se retirer au pas et de faire sonner tant en allant qu'en revenant.

(1) *Siège de Verdun*, par Maxime Legrand.

On ne peut admettre non plus que l'ennemi soit astreint à recevoir un parlementaire, même en dehors du moment de l'action, s'il doit en résulter quelque préjudice pour ses opérations; car l'envoi d'un parlementaire peut n'être qu'une ruse de l'adversaire, auquel il suffirait quelquefois de gagner un peu de temps pour que la situation se modifie à son avantage.

Le commandant d'une place assiégée et résolue fera même bien le plus souvent de refuser de recevoir un parlementaire, et de ne tolérer dans ce cas qu'un échange de communications écrites qui seront remises aux avant-postes; car, ainsi que nous le disions plus haut, les allées et venues de parlementaires ne peuvent qu'ébranler la confiance des troupes et des habitants.

Les parlementaires doivent toujours être accueillis avec les égards dus à leur rang et les attentions que commande la fraternité militaire. Ces égards et ces attentions ne sauraient, toutefois, exclure, de la part de celui qui les reçoit, la plus grande circonspection dans ses rapports avec eux et dans les libertés qu'il peut leur laisser prendre.

Par un sentiment de courtoisie exagéré, ou par suite du relâchement de la discipline, on a quelquefois négligé dans l'armée française de prendre à leur égard toutes les précautions prescrites par le service en campagne. Cette négligence a toujours eu les plus funestes conséquences.

C'est ainsi que, le 8 septembre 1870, le corps d'armée du duc de Mecklembourg étant arrivé près de Laon, le colonel prussien von Alvensleben, son chef d'état-major, fut envoyé en parlementaire au gouverneur de la place, général Thérémin, pour le sommer de se rendre.

La sommation faite au général Thérémin, écrite et revêtue de la signature du duc de Mecklembourg, portait que le général devait, dans le délai de dix-huit heures, livrer la citadelle, ainsi que ses vivres, ses munitions et son matériel; que le général, les officiers et les troupes régulières seraient prisonniers de guerre; que les mobiles remettraient leurs armes et seraient *lâchés*; et que, ce délai expiré, si la reddition n'était pas accomplie, la ville serait brûlée (1).

Le général Thérémin protesta énergiquement contre cette menace digne des temps barbares, et refusa en même temps de signer une capitulation que l'honneur militaire ne lui permettait pas d'accepter.

Le colonel von Alvensleben aurait dû, aussitôt après la réponse du gouverneur, être reconduit aux lignes ennemies; mais il avait pu se rendre compte de l'état des esprits de la population laonnoise, énervée par nos précédents désastres, et il parvint

______

(1) *L'explosion de la citadelle de Laon*, par Gustave Dupont. Caen, imprimerie Le Blanc-Hardel.

à se faire conduire à l'Hôtel-de-Ville, et à exposer au conseil municipal assemblé l'objet de sa démarche et les conséquences qui pouvaient en résulter pour la cité.

Certes le conseil municipal de Laon comptait à sa tête et dans son sein de nombreux hommes de cœur; mais avant qu'il eût pu prendre une résolution quelconque, la foule amassée connaissait déjà et commentait les propositions et les menaces du parlementaire. Excitée par une bande d'individus étrangers à la ville, elle devint vite houleuse, et bientôt éclata une émeute dans le but d' obliger le gouverneur à capituler. Le général Thérémin faillit être assassiné, et fut forcé de rendre la place le lendemain (1), par suite de la pression exercée sur les gardes nationaux et sur les gardes mobiles qui formaient la majeure partie de la garnison, et qui étaient presque tous enfants du pays, par une population affolée.

On entend, en termes de guerre, par convention, toute stipulation qui engage les deux partis en lutte.

(1) On sait qu'au moment où l'armée prussienne allait prendre possession de la place, un garde d'artillerie, agissant de sa propre initiative, crut faire acte d'héroïsme et sauver l'honneur du pavillon en faisant sauter le magasin à poudre de la citadelle. Cette explosion coûta la vie au brave général Thérémin, ainsi qu'à un nombre considérable d'officiers et de soldats français ou allemands, et faillit avoir les plus déplorables conséquences pour la ville.

« Les traités et promesses faits en temps de
« paix obligent encore en guerre, entre ennemis.
« On doit, tant qu'il y a possibilité, les exécuter
« de bonne foi.

« Violer la foi donnée, c'est autoriser l'ennemi
« à exiger une satisfaction éclatante (1). »

Les conventions conclues entre belligérants
peuvent avoir un caractère permanent pour toute
la durée de la guerre; quelques-unes ont même
un caractère plus durable et doivent être observées
pour toutes les guerres à venir. Telle est la convention de Genève du 22 août 1864, relative aux
soins à donner aux blessés, et à laquelle ont adhéré
presque toutes les nations du concert européen.

D'autres conventions ne s'appliquent qu'à une
période déterminée de la guerre, ou bien sont des
accords tout à fait transitoires, consentis par les
généraux commandant en chef les troupes belligérantes.

Les conventions conclues pour la durée de la
guerre ont trait ordinairement au signalement
et à la réception des parlementaires; à l'envoi des
correspondances, des prisonniers ou des blessés;
à l'échange des prisonniers.

Avant les guerres de la Révolution, on trouve
de nombreux exemples de *cartels d'échange*, sorte

(1) Hoffter, *Droit international.*

de tarifs, où l'officier et le soldat de chaque armée étaient estimés comme devant être échangés contre un officier ou un soldat de même catégorie, ou rachetés à un taux fixé d'avance. Les dernières guerres ne fournissent plus d'exemples de ces cartels; l'usage est d'échanger les officiers grade pour grade et par arme, et les soldats homme pour homme. Cependant, en 1870, l'état-major français dut se plaindre à l'état-major allemand d'avoir reçu, en échange d'officiers de troupes, des assimilés tels que des vétérinaires et des chefs de musique.

Les lettres de protection ou de sauvegarde par lesquelles l'une des parties prend l'engagement solennel et par écrit de faire respecter des personnes ennemies, rentrent dans les conventions arrêtées pour la durée de la guerre.

Le sauf-conduit est une lettre de protection qui n'a de valeur que pour un temps limité et dans un espace déterminé.

Les opérations militaires aboutissent, de temps à autre, et toujours finalement, à des résultats tels qu'il est indispensable ou désirable d'interrompre momentanément l'état de guerre, ou même de le faire cesser.

Les généraux commandant les armées belligérantes peuvent donc suspendre la lutte, complètement ou partiellement, par des conventions. On a donné à ces conventions, suivant leur importance et leur durée, le nom de suspensions d'armes, d'armistices ou de trêves.

Elles sont arrêtées, ou bien pour un temps défini, ou pour un ¦temps indéfini, mais alors sous la réserve de la faculté, pour l'un et l'autre parti, de les dénoncer quand ils le jugent à propos, et de ne recommencer les hostilités qu'après un délai convenu qui part du moment de la dénonciation. Le protocole de la convention détermine tou jours avec précision quelles seront les limites du territoire occupé par chacune des deux armées.

Quand il s'agira d'une cessation générale des hostilités, les pourparlers militaires marcheront du même pas que l'action diplomatique, qui peut alors exercer une influence réelle sur la partie purement militaire des négociations. La diplomatie, au contraire, n'a rien à voir à la cessation *locale* des hostilités.

On doit tirer complètement parti des succès qu'on a remportés, tout en rendant à un ennemi brave et vaillant tous les honneurs possibles, en tant toutefois qu'on ne prive pas les troupes victorieuses des honneurs qui leur sont dus en vertu du droit de la guerre. En agissant autrement on blesserait les sentiments de l'armée.

« On ne saurait jamais tirer un trop grand parti *matériel* d'une victoire qu'on a remportée, dit le général de Schellendorff, et il faut alors tenir compte des sacrifices et des pertes de l'armée. Risquer, en s'inspirant de sentiments de fausse humanité et de fausses idées chevaleresques, d'imposer de nouveau à l'armée de semblables sacrifices, ce serait agir en contradiction complète avec les principes qui doivent toujours régir les négociations avec l'ennemi.

« On peut alors, à la suite des conférences qu'on a eues, arriver souvent à rédiger une convention. Cette convention doit préciser exactement les droits et les devoirs de chacun des deux adversaires. Afin d'assurer l'exécution loyale de ces conventions, on doit chercher à se procurer la plus grande sécurité possible, à laquelle on n'arrive, en général, qu'en s'assurant les moyens voulus pour faire exécuter par la force les conditions qu'on a arrêtées, et qu'en se résolvant à des mesures de rigueur, toutes les fois que l'adversaire n'a pas rempli les engagements qu'il avait pris (1). »

L'honneur militaire exige avec la plus extrême rigueur la stricte observation de toutes les clauses de la convention; toutefois, les deux

---

(1) **Bronsart von Schellendorff** : *Le service d'état-major :* traduct du cap. Weil.

armées sont généralement en droit de se renfor-
cer de et se fortifier, à moins de stipulations contraires.

La délimitation des armées est établie, en cas
de suspension d'armes, d'armistice ou de trêve
par des lignes de sentinelles.

Ces lignes d'avant-postes sont déterminées avec
précision, par l'indication des localités, acci-
dents de terrain et autres points de repère. Le
procès-verbal constatant cette délimitation est
échangé et signé des deux commandants en chef
ou de leurs représentants. Aucun mouvement des
armées, en avant des lignes ainsi déterminées, ne
peut être effectué pendant toute la durée de la
convention. Il en est de même du ravitaillement
et de tout ce qui est nécessaire à la conservation
de l'armée, qui ne peut non plus s'effectuer en
avant desdites lignes (1).

« La largeur de la zone neutre qui existe
entre les lignes d'avant-postes peut, dans la
guerre d'opérations, avoir une étendue d'un à
deux jours de marche. Cette zone sera réduite à
son minimum d'épaisseur quand on sera devant
une forteresse investie. On ne devra pas choisir,
comme ligne de démarcation ou comme ligne de
délimitatiou de la zone neutre, une ligne de com-

----

(1) Colonel de Savoye : *Service des armées en campagne.*

munication (voie ferrée, grande route, etc....),
mais on choisira de préférence un obstacle qu'on
ne puisse franchir que sur un petit nombre de
points. On simplifie de la sorte le service de sûreté, qu'on ne saurait supprimer, du moins en
première ligne, pendant toute la durée de l'armistice. L'expérience démontre, en effet, que parfois,
en dépit de la convention qu'on a conclue, soit
par suite d'actes d'indiscipline, de malentendu,
ou de projets déshonnêtes, on a tenté des attaques qui peuvent avoir, par la suite, des conséquences désastreuses pour celui qui, sur la foi des
traités, s'était endormi dans une sécurité absolue.

« Une convention de suspension d'armes doit
contenir des données précises sur la durée totale,
ou sur le terme de dénonciation de cet armistice.
On devra, en fixant ces délais, tenir compte de la
possibilité du *rétablissement* de l'armée, de l'existence d'un nombre suffisant d'abris convenables
pendant l'armistice, enfin de la position qu'il s'agira
de prendre à l'expiration de l'armistice. La question de savoir si une forteresse investie pourra
être ravitaillée, pendant un armistice et propor-
tionnellement à sa durée, devra être résolue d'une
manière spéciale. On devra, en tout cas, exclure
de pareilles conventions toutes les conditions dont
on ne saurait surveiller l'exécution. Une convention de suspension d'armes doit donc être rédigée

dans des termes aussi simples et aussi précis que possible (1). »

La suspension d'armes est généralement localisée entre de petites fractions de troupes; elle peut être réglée, sauf référence au commandant en chef, par les commandants de ces fractions.

L'armistice est une suspension des hostilités, s'appliquant aux armées en présence et étendue quelquefois même aux autres théâtres d'opérations en vertu de stipulations spéciales. Sa durée est limitée entre des époques déterminées. On dénonce la fin de l'armistice à une date convenue. L'effet de l'armistice est le plus souvent le maintien du *statu quo* des parties belligérantes dans leurs positions respectives, sans que l'une puisse en reculer les limites aux dépens de l'autre.

C'est un repos dont profitent souvent les puissances engagées dans la lutte pour arriver à un accommodemment, soit par des conférences directes, soit par l'action diplomatique des puissances neutres. La durée de l'armistice se rattachant à la politique et à la stratégie, les commandants des forces en présence ne peuvent en conclure qu'avec l'autorisation de leurs gouvernements respectifs. Il arrive même que ceux-ci en concluent sans

(1) Bronsart von Schellendorff : *Le service d'état-major :* traduct. du cap. Weil.

l'avis des généraux, qui, nécessairement, doivent en être informés sur-le-champ.

Les trêves sont des armistices à longue échéance s'appliquant à toutes les forces des nations engagées dans la lutte. Elles ne diffèrent essentiellement de la paix qu'en ce qu'elles laissent indécise la question en litige, et en ce que la guerre doit être reprise à une époque déterminée. Une trêve ne pourrait donc être conclue que par le pouvoir souverain de l'État.

Mais, à l'époque où nous sommes, il importe trop aux intérêts des nations de ne pas rester longtemps sous le coup d'une certitude de guerre, et la trêve, telle qu'elle vient d'être définie, |ne saurait être adoptée. L'état de paix armée dans lequel nous vivons n'est cependant pas sans analogie avec les trêves d'autrefois.

La reddition à l'ennemi, d'une ville, forteresse ou camp défendu par des troupes, s'appelle capitulation.

Les places de guerre sont, selon l'expression de Carnot, comme des vedettes distribuées sur la frontière. Leur but est, tout d'abord, de protéger notre mobilisation, ensuite de favoriser les opérations des armées en campagne en leur servant de point d'appui.

Elles servent de barrières sur les lignes d'invasion, et si elles ne peuvent retenir sous leurs murs toutes les forces de l'envahisseur, elles sont tout au moins un excellent moyen pour retarder sa marche, pour l'inquiéter et l'affaiblir.

Elles jouent donc un rôle essentiel, aussi bien dans la guerre offensive que dans la guerre défensive, et, par conséquent, l'obligation de les défendre jusqu'à la dernière extrémité s'impose à l'honneur de ceux qui les commandent.

Les lois militaires condamnent à la peine capitale tout commandant qui livre sa place sans avoir forcé l'assiégeant à passer par les travaux lents et successifs des sièges, et avant d'avoir repoussé au moins un assaut au corps de place sur des brèches praticables.

Louis XIV, mécontent de ses gouverneurs et commandants de places, leur adressa la lettre ci-après (1), qui peut être considérée comme la base de tous nos règlements postérieurs sur cette question :

« MONSIEUR,

« Quelque satisfaction que j'aie de la belle et vigoureuse défense qui a été faite dans celles de mes places fortes qui ont été assiégées depuis cette guerre, et bien que ceux qui y commandaient se soient distingués en soutenant pendant plus de

---

(1) Lettre citée par le maréchal de Vauban dans son *Traité de l'attaque et de la défense des places.*

deux mois leurs dehors, ce que n'ont point fait les commandants des places ennemies, lesquelles ont été assiégées par mes armes, cependant, comme j'estime que les corps de place peuvent être défendus aussi longtemps que les dehors, et que c'est sur ce principe que, dès le règne du feu roi mon très honoré seigneur et père, il a été enjoint à tous gouverneurs de places de guerre, par une clause expresse, qui s'est toujours trouvée insérée dans leurs provisions, de ne point se rendre, à moins qu'il n'y ait brèche considérable au corps de place, et qu'après y avoir soutenu plusieurs assauts, j'ai jugé à propos de renouveler les mêmes ordres à tous les commandants de mes places. C'est pourquoi je vous écris cette lettre, pour vous dire qu'au cas que la place que vous commandez vienne à être assiégée par les ennemis, mon intention est que vous ne la rendiez point, à moins qu'il n'y ait brèche considérable au corps d'icelle, et qu'après y avoir soutenu au moins un assaut ; et ne doutant pas que vous ne vous conformiez, avec tout le zèle que vous avez fait paraître en toutes occasions à mon service, à ce que je vous prescris par la présente, je ne vous la ferai ni plus expresse ni plus longue, que pour prier Dieu qu'il vous ait, Monsieur, en sa sainte garde.

« Écrit à Versailles, le sixième jour du mois d'avril 1705.

« LOUIS. »

La loi du 26 juillet 1792, art. 1er, interprète la lettre de Louis XIV par le texte suivant :

« Tout commandant de place forte ou bastionnée qui la rendra à l'ennemi avant qu'il y ait brèche accessible et praticable au corps de place, et avant que le corps de place ait soutenu au moins un assaut, si toutefois il y a un retranchement intérieur derrière la brèche, sera puni de mort, à moins qu'il ne manque de munitions et de vivres. »

Enfin le règlement français du 3 mai 1832 n'a fait que reproduire ces dispositions.

Plusieurs auteurs se sont récriés contre la rigueur de cette législation ; mais la cause à défendre est tellement grande, lorsqu'il s'agit d'une place de guerre, que la loi d'humanité doit s'incliner devant la nécessité de la défense.

« Sans doute, dit Carnot (1), il est affreux d'exposer la population entière d'une grande ville aux souffrances d'un siège et à l'emportement d'un vainqueur qui veut l'enlever d'assaut ; mais n'est-il pas plus affreux encore d'abandonner à la licence et à la dévastation tout le pays couvert par cette place ; d'exposer une armée, dont elle peut couvrir le flanc et les derrières, à être prise à revers et à être complètement détruite, lorsqu'elle touchait au moment de recueillir le fruit de ses travaux ?.... La guerre est un état violent,

(1) Carnot : *De la défense des places fortes.*

8

elle entraîne des mesures extraordinaires et une foule de malheurs inévitables qu'on ne souffre que pour en éviter de plus grands. »

Lorsque le commandant de la place juge que le dernier terme de la résistance est arrivé, il consulte le conseil de défense sur les moyens de prolonger le siège.

Le commandant de la place, le conseil entendu et la séance levée, prend de lui-même, *en suivant l'avis le plus énergique, s'il n'est pas absolument impraticable*, les résolutions que le sentiment de son devoir et de sa responsabilité lui suggère.

Dans tous les cas, il décide seul de l'époque et des termes de la capitulation.

Dans la capitulation, il ne sépare jamais son sort de celui de ses officiers et de ses troupes; il met tous ses soins à améliorer les conditions faites aux soldats et à stipuler pour les blessés et les malades toutes les clauses d'exception et de faveur qu'il peut obtenir.

En aucun cas, il ne doit rendre la place avant d'avoir détruit le matériel de guerre et les dispositions (1).

« Une *capitulation* repose toujours sur l'impossibilité dans laquelle se trouve l'un des partis de continuer à combattre. Celui qui capitule est

____

(1) Règlement français.

seul juge d'apprécier si cette impossibilité existe réellement. Ce n'est que dans les cas tout à fait exceptionnels, quand les considérations politiques priment les considérations militaires, qu'il peut se faire qu'on se résolve à capituler, bien qu'on soit encore en état de combattre. On pourra alors se demander si l'ennemi ne cherche pas ainsi, par une capitulation prématurée, à obtenir des conditions plus avantageuses. On doit toujours exiger que les troupes se constituent prisonnières de guerre, qu'on livre tout le matériel de guerre, etc., etc.....

« Les conditions d'époque et le lieu de la reddition des troupes et du matériel doivent être déterminés d'une manière précise, et on doit assurer leur exécution en y affectant spécialement des troupes qu'on tiendra toutes prêtes à cet effet. »

Lors de la capitulation d'une place, on occupe d'abord les ouvrages avancés et détachés, puis les portes de l'enceinte principale. Lorsque la garnison est sortie de la place, qu'elle est désarmée et s'est constituée prisonnière de guerrre, on prend possession des magasins de poudre, etc..., et on fait entrer dans la place la nouvelle garnison.

« Lorsqu'une *place se rend par capitulation*, dit le général Thiébault, la capitulation faite et signée, on se donne mutuellement des otages; l'assiégeant occupe d'abord une des portes de la place ou sa citadelle, s'il y en a une; il envoie ensuite des gardes pour relever celles de l'assiégé, dont les troupes évacuent de suite la place, déposent les armes sur les glacis, et partent pour leur destination sous une escorte suffisante, le tout d'après ce qui aurait été convenu et arrêté. La remise des magasins, caisses, arsenaux, plans, cartes et mémoires, aurait dû avoir lieu en même temps. Enfin, le général commandant devrait entrer un des premiers dans la place, et être accompagné de l'officier qui doit la commander, afin de l'installer de suite; on ne laisserait de même entrer dans la place que les seules troupes qui devraient composer la garnison; on n'y admettrait, autant que possible, que les officiers que leurs devoirs y attacheraient; on n'y souffrirait que les employés qui devraient être chargés des services, et on défendrait, sous les peines les plus sévères, qu'aucun vivandier, cantinier, marchand, etc., y entrât avant le deuxième jour de la capitulation de la place. »

OPINION DE NAPOLÉON Ier

SUR LES CAPITULATIONS.

« Les lois de la guerre, les principes de la guerre, autorisent-ils un général à ordonner à ses soldats de poser les armes, de les rendre à leurs ennemis, et à constituer tout un corps prisonnier de guerre?

« Cette question ne fait pas un doute pour la garnison d'une place de guerre. Mais le gouverneur d'une place est dans une catégorie à part. Les lois de toutes les nations l'autorisent à poser les armes lorsqu'il manque de vivres, que les défenses de sa place sont ruinées et qu'il a soutenu plusieurs assauts. En effet, une place est une machine de guerre qui forme un tout, qui a un rôle, une destination prescrite, déterminée et connue. Un petit nombre d'hommes, protégés par cette fortification, se défendent, arrêtent l'ennemi et conservent le dépôt qui leur est confié contre les attaques d'un grand nombre d'hommes. Mais lorsque ces fortifications sont détruites, qu'elles n'offrent plus de protection à la garnison, il est juste, raisonnable, d'autoriser le commandant à faire ce qu'il juge le plus propre à l'intérêt de sa troupe. Une conduite contraire serait sans but et aurait, en outre, l'inconvénient d'exposer la population de toute une cité, vieillards, femmes et enfants. Au moment où une place est investie, le prince, et le général en chef chargé de la défense de cette frontière, savent que cette place ne peut protéger la garnison et arrêter l'ennemi qu'un certain temps, et que, ce temps écoulé, les défenses détruites, la garnison posera les armes. Tous les peuples civilisés ont été d'accord sur cet objet,

8.

et il n'y a jamais eu de discussion que sur le plus ou le moins de défense qu'a fait un gouverneur avant de capituler. Il est vrai qu'il est des généraux, Villars est de ce nombre, qui pensent qu'un gouverneur doit ne jamais se rendre, mais, à la dernière extrémité, faire sauter les fortifications et se faire jour, de nuit, au travers de l'armée assiégeante, ou, dans le cas que la première de ces deux choses ne soit pas faisable, sortir du moins avec sa garnison et sauver ses hommes. Les gouverneurs qui ont adopté ce parti ont rejoint leur armée avec les trois quarts de leur garnison.

« De ce que les lois et la pratique de toutes les nations ont autorisé spécialement les commandants des places fortes à rendre leurs armes en stipulant leurs intérêts, et qu'elles n'ont jamais autorisé aucun général à faire poser les armes à ses soldats dans un autre cas, on peut avancer qu'aucun prince, aucune république, aucune loi militaire, ne les y a autorisés. Le souverain ou la patrie commandent à l'officier supérieur pour tout ce qui est conforme au bien ou à l'honneur du service. Les armes sont remises aux soldats avec le serment militaire de les défendre jusqu'à la mort. Un général a reçu des ordres et des instructions pour employer ses troupes à la défense de la patrie : comment peut-il avoir l'autorité d'ordonner à ses soldats de livrer leurs armes et de recevoir des chaînes?

« Il n'est presque pas de bataille où quelques compagnies de voltigeurs ou de grenadiers, souvent quelques bataillons, ne soient momentanément cernés dans des maisons, des cimetières ou des bois. Le capitaine ou le chef de bataillon qui, une fois le fait constaté qu'il est cerné, ferait sa capitulation, trahirait son prince et son honneur. Il n'est presque pas de bataille où la conduite tenue dans des circonstances analogues n'ait décidé de la victoire. Or, un lieutenant général est à une armée ce qu'un chef de bataillon est à une division. Les capitulations faites par des corps cernés, soit pendant une bataille, soit pendant une campagne active, sont un contrat dont toutes les clauses avantageuses sont en faveur des individus qui contractent, et dont toutes les clauses onéreuses sont pour le prince et les autres soldats de l'armée. Se soustraire au péril pour rendre la position de ses camarades plus dangereuse est évidemment une lâcheté. Un soldat qui dirait à son commandant : « Voilà mon fusil, laissez-moi m'en aller dans mon village », serait un déserteur en présence de l'ennemi ; les lois le condamneraient à mort. Que fait autre chose le général de division, le chef de bataillon, le capitaine, qui dit : « Laissez-moi m'en aller chez moi, ou recevez-moi chez vous, et je vous donne mes armes » ? Il n'est qu'une manière honorable d'être fait prisonnier de guerre, c'est d'être pris les armes à la main et lorsqu'on ne peut plus s'en servir. C'est ainsi que furent pris François Ier, le roi Jean, et tant de braves de toutes les nations. Dans cette manière de rendre les armes, il n'y a pas de conditions, il ne saurait y en avoir avec l'honneur : c'est la vie que l'on reçoit, parce que l'on est dans l'impuissance de l'ôter à son ennemi, qui vous la donne, à charge de représailles, parce qu'ainsi le veut le droit des gens.

« Les dangers d'autoriser les officiers et les généraux à poser les armes, en vertu d'une capitulation particulière, dans une autre position que celle où ils formeraient la garnison d'une place forte, sont incontestables. C'est détruire l'esprit militaire d'une nation, en affaiblir l'honneur, que d'ouvrir cette porte aux lâches, aux hommes timides, ou même aux braves égarés. Si les lois militaires prononçaient des peines afflictives ou infamantes contre les généraux, officiers et soldats qui posent leurs armes en vertu d'une capitulation, cet expédient ne se présenterait jamais à l'esprit des militaires pour sortir d'un pas fâcheux ; il ne leur resterait de ressources que dans la valeur et l'obstination, et que de choses ne leur a-t-on pas vu faire !

« Si les vingt-huit bataillons, troupes d'élite, qui posèrent les armes à Höctsett (1704) eussent été convaincus qu'ils entachaient leurs noms, flétrissaient leurs familles, encouraient la peine d'être décimés, ils se fussent battus; et si leur obstination n'eût pas fait changer les destins de la journée, ils eussent certainement regagné l'aile gauche et fait leur retraite. Si l'infanterie bavaroise, qui avait défendu avec gloire le village d'Allerheim à la bataille de Nordlingen, et avait repoussé les attaques du grand Condé, n'eût pu capituler avec Turenne qu'en attirant sur elle le déshonneur et le châtiment d'être décimée, elle n'eût même pas songé à quitter sa position; une heure plus tard elle eût reconnu qu'elle n'était pas coupée de Jean de Weerdt; les Bavarois auraient eu le champ de bataille et la victoire; Condé eût ramené peu d'hommes de son armée en deçà du Rhin.

« Mais, que doit faire un général qui est cerné par des forces supérieures? Nous ne saurions faire d'autre réponse que celle du vieil Horace. Dans une situation extraordinaire, il faut une résolution extraordinaire; plus la résistance sera opiniâtre, plus on aura de chances d'être secouru ou de percer. Que de choses qui paraissent impossibles ont été faites par des hommes résolus, n'ayant plus d'autres ressources que la mort! Plus vous ferez de résistance, plus vous tuerez de monde à l'ennemi, et moins il en aura le jour même ou le lendemain pour se porter contre les autres corps de l'armée. Cette question ne nous paraît pas susceptible d'une autre solution sans pérdre l'esprit militaire d'une nation et s'exposer aux plus grands malheurs.

« La législation doit-elle autoriser un général cerné, loin de son armée, par des forces très supérieures, et lorsqu'il a soutenu un combat opiniâtre, à disloquer son armée, la nuit, en confiant à chaque individu son propre salut, en indiquant un point de ralliement plus ou moins éloigné ? Cette question peut être douteuse ; toutefois, il n'est pas douteux qu'un général qui prendrait un tel parti dans une situation désespérée, sauverait les trois quarts de son monde, et, ce qui est plus précieux que les hommes, il se sauverait du déshonneur de remettre ses armes et ses drapeaux par le résultat d'un contrat qui stipule des avantages pour les individus au détriment de l'armée et de la patrie.

« Dans la capitulation du général prussien Finck, à Maxen (en 1759), il y a une circonstance fort singulière. Le général Wunsch, avec la cavalerie, s'était, à la pointe du jour, ouvert le passage ; une des conditions de la capitulation fut qu'il reviendrait au camp poser les armes (1) ; ce général eut la simplicité d'obéir à l'ordre que lui donna le général Finck (2) ; ce fut un malentendu de l'obéissance militaire : *un général au pouvoir*

(1) Le même fait eut lieu lors de la capitulation de Baylen.

(2) Frédérick II s'exprima ainsi sur cet événement : « M. de Wunsch voulut percer avec la cavalerie ; M. de Finck et ses col-

de l'ennemi n'a plus d'ordre à donner ; celui qui lui obéit est criminel. On ne peut pas s'empêcher de dire ici que, puisque Wunsch, avec un gros corps de cavalerie, avait percé, l'infanterie pouvait percer aussi ; car, dans un pays de montagne comme Maxen, elle avait plus de facilité de s'échapper la nuit que la cavalerie.

« Les Romains désavouèrent la capitulation faite avec les Samnites ; ils refusèrent d'échanger les prisonniers, de les racheter. Ce peuple avait l'instinct de tout ce qui est grand ; ce n'est pas sans raison qu'il a conquis le monde.

« NAPOLÉON Ier. »

Exemple de reddition honorable :

RAPPORT DU CONSEIL D'ENQUÊTE

CONVOQUÉ EN VERTU DE L'ARTICLE 264 DU DÉCRET DU 13 OCTOBRE 1863, au sujet de la reddition de la place de Phalsbourg.

Séance du 12 avril 1872.

« Le Conseil d'enquête,

« Vu le dossier relatif à la reddition de la place de Phalsbourg ;

« Sur le rapport qui lui en a été fait ;

« Après en avoir délibéré ;

---

lègues, plus attachés à leurs bagages qu'à leur réputation, lui interdirent toute hostilité. Ces généraux, indignes du nom Prussien, eurent la lâcheté de capituler avec l'ennemi et de mettre bas les armes. Le corps qui se rendit si honteusement était fort de seize bataillons et de trente-cinq escadrons. • (Colonel Pierron, *Les Méthodes de guerre.*

« Exprime comme il suit son avis motivé sur ladite reddition :

« La place de Phalsbourg avait une garnison de 1252 hommes, composée du 4ᵉ bataillon du 63ᵉ de ligne, du 1ᵉʳ bataillon de la garde nationale mobile de la Meurthe et de·52 artilleurs. A cette garnison se joignirent 28 hommes du 96ᵉ de ligne et environ 200 trainards et malades provenant des corps qui avaient combattu à Frœschwiller.

« Les remparts étaient en bon état et armés de 65 bouches à feu. La place était bien approvisionnée en munitions d'artillerie et possédait 2,778,000 cartouches d'infanterie. Malheureusement les vivres n'étaient pas en quantité suffisante pour lui permettre une résistance de plus de quatre mois.

« Investie le 10 août et sommée de se rendre, elle refusa. Bombardée le même jour, elle tint bon. L'ennemi fit à la garnison l'offre de sortir avec armes et bagages et de rejoindre l'armée française. Le commandant Taillant, soutenu par un conseil de défense énergique, rejeta ces propositions. La place répondit victorieusement au feu de l'ennemi, la garnison fit des sorties heureuses; en vain les bombardements renouvelés détruisirent-ils le tiers de la ville : rien ne put ébranler le courage de ses défenseurs.

« Mais les jours de résistance étaient comptés. Après quatre mois de défense, n'ayant plus de vivres pour la prolonger, le commandant Taillant, de l'avis du conseil, et ne s'inspirant que de l'intérêt du pays, détruisit son artillerie, ses munitions, ses fusils, tout, enfin, ce que l'ennemi pouvait utiliser dans la suite de la guerre ou présenter comme trophée ; puis, l'œuvre de destruction complètement terminée, le commandant fit ouvrir les portes de la place et prévint l'ennemi qu'il se rendait à discrétion.

« Une telle conduite est on ne peut plus honorable. L'ennemi, pour le reconnaître, et sans que rien lui eût été imposé par une capitulation, accorda aux officiers de conserver leur épée et leurs bagages, aux soldats leur sac, et les autorisa à choisir les villes où ils devaient se rendre prisonniers.

« Le conseil,

« Considérant que, dans la défense de la place qui lui avait été confiée, le commandant Taillant a rempli tous les devoirs prescrits par le décret du 13 octobre 1863 ; que, par sa fermeté, son énergie, il a su maintenir la discipline dans la garnison ; que, par une bonne et judicieuse organisation, il a suppléé à l'insuffisance du personnel d'artillerie.

« Est d'avis que le commandant Taillant et son conseil de défense méritent des éloges.

« Pour extrait conforme :

« *Le Président du Conseil d'enquête,*

« Maréchal BARAGUEY-D'HILLIERS. »

9

CHAPITRE V

DES RELATIONS ENTRE LES BELLIGÉRANTS
ET LA POPULATION CIVILE.

Droits et devoirs de l'envahisseur et de l'envahi. — Respect de
la propriété privée. — Des autorités judiciaires et administratives. — Loi martiale. — Respect de la liberté individuelle. —
Corvées. — Guides. — Occupation d'un pays par une armée
alliée ; dommages causés, leur réparation. — Informations données par la presse. — Réquisitions militaires.— Réglementation
française des réquisitions ; historique de cette réglementation ;
loi du 3 juillet 1877. — Usages admis pour la réglementation
des réquisitions en temps de guerre en pays ennemi.

Ce n'est pas seulement contre les forces *armées*
de l'État que sont dirigées les opérations de guerre,
c'est en même temps contre toutes les autres forces
qui lui donnent sa vitalité et par conséquent ses
moyens de défense. Il en résulte que son trésor,
ses arsenaux, le matériel de ses chemins de fer,
ses télégraphes, ses propriétés domaniales, sont à
la discrétion du vainqueur, qui en use suivant
l'utilité qu'il en peut retirer. En revanche, la coutume aujourd'hui admise que la guerre est dirigée
seulement contre les forces de l'État fait que l'envahisseur ne possède aucun droit sur les propriétés privées. Toutefois, la nécessité, qui est la

première règle du droit de la guerre, peut contraindre le vainqueur à s'emparer des biens des
particuliers et même à les détruire.

« Lorsque l'ennemi s'empare sans nécessité des
objets appartenant à des particuliers, il fait acte
de pillage; quand il les détruit sans y être contraint, il fait acte de dévastation. Dans l'un et
l'autre cas, il transgresse la coutume en raison de
laquelle la guerre n'est dirigée que contre les
forces de l'État. Cette coutume, qui est une sécurité pour l'armée envahissante, est aussi une garantie pour les habitants inoffensifs. Elle engendre
deux obligations qui consistent, pour l'envahisseur,
à respecter la propriété privée de l'habitant; pour
l'habitant, à ne point faire acte de guerre. Les autorités militaires sont donc tenues d'imposer aux
troupes une rigoureuse discipline et de punir sévèrement tout acte de pillage et de dévastation. Mais
lorsque l'habitant abandonne sa demeure et ses
biens sans y laisser aucun gardien, l'envahisseur
n'est pas tenu de protéger des biens dont le posses-
seur légitime n'est ni présent, ni représenté; il n'a
nullement le devoir de les défendre contre les ma-
raudeurs. Toutefois, s'il n'a de ce côté aucune
obligation envers l'habitant, il en a, et de très impérieuses, envers ses propres sujets qui composent
son armée; elles lui commandent de réprimer
sévèrement des actes de pillage qui, pour être
opérés sur des objets abandonnés, n'en répandent

pas moins dans l'armée un élément d'indiscipline et dans la nation un élément de corruption (1). »

En présence de l'ennemi, la loi, si rigoureuse et si terrible qu'elle puisse paraître, doit être absolument inflexible et condamner immédiatement et sans pitié les hommes qui ont souillé leur uniforme en se livrant au vol, au pillage ou à la destruction inutile des propriétés privées, de manière à frapper par un exemple l'imagination de tous. Guidé par l'intérêt commun et par le sentiment de l'honneur et du devoir militaire, le commandement ne devra donc pas hésiter, dans une telle occurrence, à appliquer la peine la plus sévère.

L'occupation soumet la contrée envahie à l'autorité militaire de l'envahisseur; il est évident, en effet, que le premier des droits du vainqueur est d'assurer la sécurité de son armée, et pour cela d'interrompre toutes relations entre les populations du pays envahi et le pouvoir dont elles relevaient. En même temps son devoir est de maintenir l'ordre ou la vie sociale parmi ces populations.

« Un territoire est considéré comme occupé, dit le *Manuel de droit international à l'usage des officiers de l'armée de terre* (2) :

(1) Funck-Brentano et Albert Sorel, *Précis du droit des gens.*
(2) Paris, Dumaine, édit. 1877.

1° Si le gouvernement légal est, par le fait de l'envahisseur, mis dans l'impossibilité d'y exercer publiquement son autorité; 2° et si l'envahisseur se trouve en mesure d'y substituer l'exercice de sa propre autorité. — L'occupation commence aussitôt que ces deux conditions de fait se trouvent remplies; elle ne cesse que le jour où ces deux conditions à la fois viennent à faire défaut. — Ainsi la rébellion, momentanément triomphante, d'une place envahie, ne suffit pas pour en interrompre l'occupation, si l'autorité du gouvernement légal ne s'y est pas rétablie effectivement. »

Le plus souvent, du reste, l'envahisseur fait connaître aux populations, par des proclamations, quels sont les points où il considère l'occupation comme établie; il est évident que ces prétentions ne suffisent pas pour constituer le droit d'occupation; mais si elles sont accompagnées des conditions énoncées plus haut, les populations sont dans la dure nécessité de se soumettre aux obligations résultant du nouvel ordre de choses, et qui sont généralement mentionnées dans les proclamations du vainqueur.

L'arrêté des commandants des armées allemandes relatif aux mesures à prendre dans les pays français envahis pendant la guerre 1870-71 était conçu ainsi qu'il suit:

« Nous, général commandant la..... armée allemande,

« Vu la proclamation de S. M. le roi de Prusse, qui autorise les généraux commandant en chef à établir des dispositions spéciales :

« Relativement aux mesures à prendre contre les communes et les personnes qui se mettraient en contradiction avec les usages de la guerre;

« Relativement aux réquisitions qui seront jugées nécessaires pour les besoins des troupes, et tendant à fixer la différence de cours entre les valeurs monétaires allemandes et françaises,

« Avons arrêté et arrêtons les dispositions suivantes, que nous portons à la connaissance du public :

« 1° La juridiction militaire est établie par la présente. Elle sera appliquée, dans toute l'étendue du territoire français occupé par les troupes allemandes, à toute action tendant à compromettre la sécurité de ces troupes, à leur causer des dommages ou à prêter assistance à l'ennemi. La juridiction militaire sera réputée en vigueur et proclamée dans toute l'étendue d'un canton aussitôt qu'elle aura été affichée dans une des localités qui en font partie.

« 2° Toutes les personnes qui ne font pas partie de l'armée française et n'établiront pas leur qualité de soldat par des signes extérieurs, et qui :

« *a.* Serviront l'ennemi en qualité d'espions ;

« *b.* Égareront les troupes allemandes quand elles seront chargées de leur servir de guides ;

« *c.* Tueront, blesseront ou pilleront des personnes appartenant aux troupes allemandes ou faisant partie de leur suite;

« *d.* Détruiront des ponts ou des canaux, endommageront les lignes télégraphiques ou les chemins de fer, rendront les routes impraticables, incendieront des munitions, des provisions de guerre ou les quartiers des troupes;

« *e.* Prendront les armes contre les troupes allemandes, seront punies de mort.

« Dans chaque cas, l'officier ordonnant la procédure instituera un conseil de guerre chargé d'instruire l'affaire et de prononcer le jugement. Les conseils de guerre ne pourront condamner à une autre peine qu'à la peine de mort. Leurs jugements seront exécutés immédiatement.

« Les communes auxquelles les coupables appartiendront, ainsi que celles dont le territoire aura servi à l'action incriminée, seront passibles, dans chaque cas, d'une amende égale au montant annuel de leur impôt foncier.

« 4° Les habitants auront à fournir ce qui est nécessaire pour l'entretien des troupes.

« 5° Tous les commandants de corps auront le droit d'ordonner la réquisition des fournitures nécessaires à l'entretien des troupes..... Sous tous les rapports, il ne sera exigé des habitants que ce qui est nécessaire pour l'entretien des troupes ; il sera délivré des reçus officiels pour toutes les fournitures. Nous espérons, en conséquence, que les habitants ne feront aucune difficulté de satisfaire aux réquisitions qui seront jugées indispensables.

. . . .

Le général commandant en chef la   ° armée.

Lorsque les opérations de la défense l'exigent, le commandant de l'armée d'occupation a le droit de prendre possession militairement des habitations ou de les détruire, de forcer les habitants à livrer leurs armes et leurs vivres, enfin de les obliger à s'éloigner. La population doit à ce gouvernement militaire l'obéissance à laquelle elle était tenue envers·l'État; « qu'elle n'oublie pas que le droit de la guerre permet l'emploi des moyens de rigueur pour la contraindre à la soumission et au respect des ordres donnés; que, dans certaines circonstances, les lois militaires édictent la peine de mort pour le cas de rébellion et de soulèvement contre la force d'occupation (1). »

Ces principes rigoureux dérivent du droit que donne au chef de l'armée d'occupation la *loi martiale*, qui est proclamée aussitôt que les circonstances l'exigent.

« La loi martiale d'une armée est celle qui donne à son chef et aux délégués de celui-ci des pouvoirs conformes au droit de la guerre, vis-à-vis de l'habitant lui-même, lorsqu'il le faut, en leur recommandant de les exercer avec justice, honneur et humanité, comme le veut la guerre civilisée. Son exercice, quand il s'agit de punir quelqu'un, est une sorte de pouvoir juridictionnel; et de ce que le jugement serait très sommaire, il n'impliquerait pas moins la nécessité d'un exa men avant condamnation, ce qui demanderait une interpellation, l'audition de la défense et une décision sur le tout (2). »

C'est donc une loi toute de circonstance, réglant

______

(1) Dahn.

(2) *Les Lois relatives à la guerre,* par Achille Morin, t. **II**.

l'exercice de l'autorité militaire conformément aux lois, usages et nécessités de la guerre, et il ne faudrait pas la confondre avec l'oppression militaire, qui n'est que l'abus du pouvoir que cette loi confère.

Il est de l'intérêt de l'occupant de maintenir dans leurs fonctions les autorités judiciaires et administratives, sauf à leur donner des instructions particulières s'il le juge à propos. Ces représentants de l'autorité nationale dans le territoire envahi ne sont nullement obligés de continuer leurs fonctions ou de suivre les instructions qui leur seront données, si elles leur paraissent en opposition avec leurs devoirs ou leurs sentiments patriotiques; mais alors ils doivent se retirer purement et simplement, d'une manière calme et digne, et sans faire de leur retraite un signal d'insurrection. L'autorité militaire nomme alors des fonctionnaires provisoires qui remplacent les fonctionnaires absents ou démissionnaires.

Une bonne politique doit conseiller à l'envahisseur de ne suspendre que les agents qui lui paraissent dangereux; les règles du droit international lui laissent la faculté de les faire arrêter et déporter, mais seulement pour la durée de l'occupation.

L'occupant ne doit exiger des habitants du territoire envahi aucun acte contraire à leurs sentiments de patriotisme. Il serait contraire au droit international de forcer les ressortissants de l'État ennemi à entrer au service du vainqueur, de les employer à des travaux d'attaque et de défense.

« Il ne peut les contraindre à accompagner ses convois afin de les protéger contre les attaques de leurs compatriotes ; il ne peut les obliger à circuler sur les chemins de fer afin que leur présence arrête les tentatives de l'ennemi qui voudrait détruire les voies et provoquer des déraillements ; il ne peut les forcer à lui fournir des renseignements d'aucune sorte ; il ne peut exiger d'eux aucun serment d'obéissance... Les États ont tout intérêt à observer ces conséquences de la guerre ; toutefois, il est deux cas dans lesquels les nécessités de la guerre peuvent les obliger à s'en écarter. C'est d'abord lorsque les routes ont été défoncées, les ponts détruits, et que l'envahisseur, ne pouvant les rétablir par les moyens dont il dispose, force les habitants à accomplir ce travail sous forme de corvée... C'est ensuite lorsque l'envahisseur, ignorant les chemins qu'il doit suivre, exige d'un ou de plusieurs habitants qu'ils lui servent de guide. Cette exigence est encore un abus plus rigoureux que le précédent, car il place l'homme requis d'être guide entre un danger personnel et un véritable acte de guerre envers sa patrie. Dans tous les cas, l'envahisseur qui a forcé le guide à faire acte de guerre doit le traiter en combattant. Le guide qui trompe un ennemi qu'il a été contraint d'accompagner ne peut être assimilé à l'habitant en apparence inoffensif qui fait subrepticement un acte de guerre. Le guide ne peut être traité que comme le serait tout combattant en pareille circonstance; l'ennemi qui juge qu'un guide a fait acte d'hostilité ne peut que le faire prisonnier de guerre (1). »

Le devoir de tout homme de cœur est de refuser de servir de guide à l'ennemi, quelles que soient les menaces qui puissent lui être adressées. Quant au citoyen qui sert volontairement de guide à l'ennemi, il commet une trahison contre son propre pays, et doit être traité avec toute la rigueur des lois.

L'occupation d'un pays étranger, même à titre d'allié, entraîne inévitablement des dégàts, des destructions de récoltes, des consommations irrégulières, conséquences des opérations militaires.

La manière dont les parties lésées peuvent être indemnisées des dégàts causés, et la proportion dans laquelle elles peuvent l'être, nous semble exposée de la façon la plus complète dans la lettre ci-après, écrite le 8 mai 1854 par le maréchal Vaillant, alors ministre de la guerre, au maréchal

(1) *Précis du droit des gens,* par Funck-Brentano et Alb rt
So.el.

de Saint-Arnaud, commandant en chef l'armée d'Orient :

« Les principes sur cette matière, est-il dit dans cette lettre, sont fixés, soit par le droit civil, soit par le droit de la guerre.

« Ainsi, les dégâts ou dommages quelconques résultant de faits de guerre, c'est-à-dire de force majeure, ne peuvent donner lieu à aucune indemnité ni à aucune responsabilité de la part de qui que ce soit.

« Si ces dégâts ou dommages sont commis par les troupes en dehors des faits de guerre, mais dans un service commandé, l'Administration est responsable.

« Elle est également responsable, mais sauf son recours contre les auteurs des dommages, s'ils ont été commis par des individus ou des détachements isolés.

« Mais, dans ces deux cas, il faut que la nature et l'importance du dommage soient constatées par des pièces probantes, établies suivant la forme usitée dans le pays, et sur le mérite desquelles il appartient à l'autorité militaire de statuer en dernier ressort.

« Quant aux fournitures qui peuvent être faites aux troupes, si elles résultent de marchés ou de réquisitions régulières, il est évident qu'elles sont à la charge du Trésor français ; dans tous les cas, elles ne doivent être payées qu'autant que le général en chef juge qu'en raison des circonstances dans lesquelles elles ont été faites il y a lieu de les approuver.

« Pour que ces règles reçoivent partout leur exécution, et pour que les habitants ne puissent prétexter cause d'ignorance, il conviendra qu'après vous être concerté d'abord avec notre ambassadeur à Constantinople, et ensuite avec les chefs de service et les autorités locales, vous régliez, par un ordre du jour publié à la fois en français et dans la langue du pays, les dispositions d'ordre qui auront été reconnues garantir le mieux les intérêts des deux nations, et que vous indiquiez les formalités à remplir et les démarches à faire en cas de dégâts, réquisitions ou consommations irrégulières.

. . . . »

La question des guides et des renseignements fournis à l'ennemi nous amène à parler incidemment des informations données par la presse, lesquelles peuvent avoir une influence considérable sur les opérations de guerre, et ont besoin dès lors d'être réglementées.

Personne n'ignore aujourd'hui, pour ne citer qu'un exemple récent, que la marche des armées allemandes sur Sedan fut déterminée en dernière analyse par un article du journal français *le Temps*, qui tomba malheureusement entre les mains de l'ennemi. Certes, le rédacteur de l'article n'agit alors qu'avec les intentions les meilleures en le publiant : son devoir d'informateur était de donner les plus sérieuses informations au public ; le passé de son journal est, comme son présent, un sûr garant de ses bonnes intentions, de son patriotisme ; mais ce n'en est pas moins à cet article d'abord, puis à beaucoup d'autres, renseignant jour par jour le public sur les positions de l'armée, que peuvent être attribuées certaines combinaisons de l'ennemi, qui n'aurait point frappé ses coups avec tant de promptitude et de décision s'il n'avait été si bien informé par la voie des journaux qu'il faisait saisir. On ne peut se flatter que de semblables faits ne se reproduiront pas, sinon avec des conséquences aussi considérables, au moins dans une foule de détails susceptibles de fournir un ensemble d'indications souvent précieuses ; il faut bien remarquer qu'il ne s'agit point ici de trahison, machination ou intelligence avec l'ennemi, mais de simples nouvelles dont il serait seulement opportun d'arrêter ou de retarder la divulgation.

Au point de vue militaire, il importerait plus encore de prévenir les indiscrétions de la presse que de les punir ; or, la loi française du temps de paix ne permet pas plus l'un que l'autre ; elle ne vise aucun cas spécial, n'édicte aucune peine, et se borne à renvoyer au Code pénal.

De quelque côté qu'on l'envisage, elle ne renferme que certaines dispositions draconiennes pour divers crimes et délits, dispositions qu'une cour martiale appliquerait peut-être, mais que des juges déclineront toujours. A ce point de vue, elle est donc insuffisante et demande à être complétée par l'exposé de mesures spéciales au temps de guerre ; la presse, en effet, par ses informations, constitue aujourd'hui une véritable arme de guerre, et, comme telle, doit être, pour le temps de guerre, ainsi qu'on l'a fait pour les munitions, les armes, les chevaux, etc., l'objet d'une loi d'exception qui la soumette aux mêmes exigences au nom de la sécurité du pays.

Le premier Empire ne voulait pas faire à la presse l'honneur de la connaître ; la Constitution de l'an VIII ne la nomme nulle part; l'Empereur avait soumis la pensée, qu'il appelait l'idéologie, au régime de la censure.

Actuellement, en l'absence d'une loi spéciale, on ne pourrait, en cas de guerre européenne, que choisir entre une liberté au plus haut point dangereuse pour le pays, ou le système du premier Empire, auquel nous amènerait la proclamation de l'état de siège, si l'on se décidait, dès la déclaration de guerre, à appliquer cette mesure rigoureuse, la seule qui puisse, dans l'état de la législation, sauvegarder le secret des mesures militaires et des opérations.

Il faudrait tout au moins décider : qu'à partir du premier jour de la mobilisation, la publication de tous renseignements sur les mouvements de troupes, la constitution des approvisionnements ou l'armement des places, sera rigoureusement interdite ;

Que pendant la période des opérations, les journaux seront autorisés à donner des nouvelles militaires sous leur responsabilité, mais que *toute publication*, de quelque nature qu'elle soit, qui aurait pour *résultat de fournir aux ennemis des instructions ou renseignements nuisibles à la situation militaire ou politique du pays*, sera poursuivie avec la dernière rigueur, ainsi que la publication de nouvelles militaires non extraites de documents officiels, *lors même que cette publication sera faite de bonne foi* et n'aura *pas troublé la paix publique*.

Il conviendrait d'ajouter que toute publication d'un fait militaire vrai, présentée sous une forme critique susceptible d'en dénaturer le sens aux yeux du public, sera pour son auteur le cas d'une peine sévère.

Les relations les plus fréquentes entre l'envahisseur et l'envahi sont celles auxquelles donnent lieu les réquisitions militaires.

Le droit que possède une armée de faire appel

aux habitants du pays qu'elle traverse pour sub-venir à ses besoins n'est pas de ceux qu'on puisse discuter, car il a été, est, et sera toujours un droit de nécessité.

Malgré toute la sollicitude et tout le talent que peuvent apporter le commandement et l'adminis-tration pour faire face à toutes les éventualités, il arrivera forcément, en effet, que des mouvements rapides et imprévus, conséquences de certaines opérations militaires, placeront dans maintes cir-constances une troupe loin de ses moyens d'appro-visionnement.

Dans ces circonstances fortuites, il importe que l'autorité militaire puisse assurer quand même la subsistance du soldat ; sans cela le premier senti-ment de celui-ci sera de chercher autour de lui les moyens indispensables à son existence, et nulle force humaine ne serait capable de protéger les populations, si des règles ne présidaient pas à ces circonstances exceptionnelles.

Les gens de la guerre ont vécu longtemps des ressources qu'ils trouvaient autour d'eux ; c'est ainsi que, « en vertu d'une certaine coutume, appelée le droit de prise, le roi de France pouvait faire main basse, partout où il passait, sur les bestiaux, grains, fourrages et autres biens meu-bles nécessaires pour l'entretien de sa maison. Les gens d'armes, de leur côté, ne se faisaient pas faute de s'approprier tout ce qui était à leur convenance. Aussi, en ce temps-là surtout (XIVe siècle), nos paysans fuyaient-ils sur le passage d'une armée, même française, comme à l'approche de la peste. On aurait dit des lièvres qui se blottissent au fond de leurs gites jusqu'à ce que les chasseurs aient disparu (1). »

Cependant ce recours à l'habitant fut de bonne heure en France l'objet d'une réglementation. Sous Charles VII, nous trouvons une défense faite aux gens de guerre de *piller*, *rober* ou *détrousser* les gens d'église, nobles et laboureurs ou autres, et l'ordre de payer ce qu'ils prennent (1439).

Une ordonnance de Louis XI, de 1467, renouvelle ces prescriptions et défend aux gens de guerre de prendre les choses qui leur seront absolument indispenssbles autrement que de la main de leurs hôtes.

Des commissaires spéciaux sont désignés pour le service des réquisitions sous François Ier et Henri VIII; mais néanmoins on peut dire que les localités occupées par les troupes ne cessèrent d'être rançonnées, et de payer en quelque sorte seules les frais de la guerre nationale, avant l'organisation réelle des armées permanentes et l'institution d'un contrôle réel relevant de l'administration centrale.

Jusque-là, malgré les ordonnances royales, les

______

(1) *Histoire de Duguesclin*, par Siméon Luce.

capitaines, qui recevaient une somme d'argent
pour entretenir leurs hommes, trouvaient très
avantageux, en l'absence de tout contrôle, de s'approprier ou de dissiper cet argent pour leurs
propres plaisirs, et de fermer les yeux sur les dé-
prédations de leurs soldats ; aussi les efforts de
l'administration centrale ont-ils été longtemps im-
puissants. Louvois lui-même eut toutes sortes de
difficultés à vaincre pour déraciner les plus criants
de ces abus et établir peu à peu l'ordre dans l'administration de l'armée.

Les progrès de la civilisation et les efforts de
ce grand ministre finirent par triompher de ces
déplorables coutumes, et, soit par entreprise, soit
par gestion directe, soit par des systèmes mixtes,
la subsistance du soldat, comme toutes les fournitures de l'armée, cessèrent peu à peu de peser
exclusivement sur les garnisons ou sur les localités traversées.

Mais en temps de guerre on continua longtemps
encore, même en pays ami, à recourir aux habitants. Seulement, dans ce dernier cas, on s'effor-
çait quelquefois, sinon d'indemniser, du moins de
dédommager dans une certaine mesure les populations.

Le 7 avril 1790, des lettres patentes du roi
soumettent tous les citoyens au logement des
gens de guerre jusqu'à nouvel ordre.

Une loi du 10 juillet 1791, relative aux places

de guerre, complétée par un règlement du 23 mai 1792, traite dans son article V du logement des troupes et des obligations qui en résultent.

Des lois du 26 avril 1792 et du 2 septembre de la même année fixent les réquisitions relatives aux transports militaires.

Un décret du 13 décembre 1792 autorise les commissaires des guerres, quand les fournitures manquent, à pourvoir par la réquisition aux besoins des troupes, sous réserve de rendre compte au ministre de la guerre, qui lui-même informera la Convention.

Une loi du 16 nivôse an II met en commun toutes les denrées dans les villes assiégées.

La loi du 18 brumaire an III a servi jusqu'à ces dernières années de base pour les réquisitions. Elle déclarait que toutes les denrées, subsistances et autres objets nécessaires aux besoins de la République pouvaient être mis en réquisition, et qu'il n'y aurait plus de réquisitions illimitées.

C'étaient, sous la surveillance du Comité de salut public, les commissions des approvisionnements qui avaient le droit de prononcer les réquisitions, et quelquefois les représentants aux armées. Les réquisitions étaient enregistrées aux districts et exécutées par les soins des municipalités et des agents nationaux. Les citoyens devaient y déférer sous peine de confiscation des objets requis. Les agents convaincus de s'être servis pour eux des réquisitions ou de les avoir exécutées sans autorisation, étaient passibles de six ans de fers.

Une loi du 14 nivôse an VII, relative à la formation de nouvelles troupes, autorise les administrations centrales à se procurer des armes au besoin par des réquisitions « qui seront exécutées par les voies coercitives prescrites pour le recouvrement des contributions. Les armes requises seront payées sur le prix d'estimation qui en sera fait à dire d'expert. »

Un décret du 3 août 1808 prononce des peines contre ceux qui refusent de fournir les voitures ou les chevaux destinés aux transports.

Un décret du 15 décembre 1813, relatif au mode de fourniture par réquisition, cherche à remédier aux difficultés qui se produisent, en instituant dans chaque département un commissaire chargé de la réception.

Une loi du 28 juin 1815 autorise le Gouvernement à assurer pendant l'année 1815, par voie de réquisitions, la subsistance des armées.

Sous le gouvernement de la Défense nationale, un décret du 11 novembre 1870 attribue au ministre de la guerre les droits de réquisition nécessaires pour accélérer la mise en défense du territoire.

Un décret du 22 novembre 1870 détermine les

réquisitions à faire pour assurer la construction de batteries d'artillerie (1).

Un décret du 28 novembre 1870 attribue aux ingénieurs en mission pour la défense des droits de réquisition.

Cette rapide analyse est loin de renfermer tous les décrets, lois ou règlements qui se rapportent aux réquisitions, mais elle suffira à faire comprendre combien était confuse notre législation à cet égard, et combien il était important d'arriver à une loi qui pût remplacer ces dispositions, inefficaces pour l'armée et lourdes pour les habitants.

Tel a été le but de la loi française du 3 juillet 1877, et des différents décrets qui sont venus en régler l'application.

La loi du 3 juillet 1877 a déterminé les conditions générales dans lesquelles s'exerce le droit de réquisition sur le territoire national, en cas de mobilisation partielle ou totale de l'armée ou de rassemblement de troupes ; le décret du 2 août 1877, portant règlement d'administration publique,

---

(1) Cet historique est extrait du rapport fait à la Chambre des députés, le 27 juillet 1876, au nom de la commission chargée d'examiner le projet de loi sur les réquisitions militaires, par M. le baron Reille, député, secrétaire de ladite commission.

Voir aussi l'ouvrage de M. Henri Morgand sur les réquisitions militaires, qui est l'intéressant commentaire de la loi du 3 juillet 1877. Paris, Berger-Levrault ; édit. 1880.

détermine les conditions d'exécution de cette loi en ce qui concerne la désignation des autorités ayant qualité pour ordonner ou exercer les réquisitions, la forme de ces réquisitions et les limites dans lesquelles elles pourront être faites.

En cas de mobilisation totale ou partielle de l'armée ou de rassemblement de troupes, pour quelque cause que ce soit, le ministre de la guerre détermine l'époque où pourra commencer et celle où devra se terminer l'exercice du droit de réquisition, ainsi que les portions du territoire où ce droit pourra être exercé. Les arrêtés du ministre à ce sujet sont publiés dans toutes les communes intéressées.

En cas de mobilisation, la fourniture de toutes les prestations nécessaires à l'armée est exigible par voie de réquisition, notamment :

1º Le logement et le cantonnement;

2º La nourriture journalière des officiers et soldats, conformément à l'usage du pays;

3º Les vivres, le chauffage, les fourrages, la paille de couchage;

4º Les moyens d'attelage et de transport de toute nature, y compris le personnel;

5º Les bateaux ou embarcations qui se trouvent sur les fleuves, rivières, lacs et canaux;

6º Les moulins et les fours;

7º Les matériaux, outils, machines et appareils nécessaires pour l'exécution des travaux militaires;

8° Les guides, les messagers, les conducteurs, ainsi que les ouvriers pour tous les travaux que les différents services de l'armée ont à exécuter;

9° Le traitement des malades ou blessés chez l'habitant;

10° Les objets d'habillement, d'équipement, de campement, de harnachement, d'armement et de couchage; les médicaments et moyens de pansement, etc.

Hors le cas de mobilisation, le droit de réquisition se réduit au logement et au cantonnement, à la nourriture, aux vivres et fourrages nécessaires pour les besoins de l'armée. Les moyens d'attelage et de transport, bateaux et embarcations, etc., dont il est question ci-dessus, ne peuvent être requis, hors le cas de mobilisation, que pour une durée maximum de vingt-quatre heures.

Toute réquisition doit être adressée à la commune; elle est notifiée au maire. Toutefois, dit l'article 19 de la loi du 3 juillet 1877, si aucun membre de la municipalité ne se trouve au siège de la commune, ou si une réquisition urgente est nécessaire sur un point éloigné du siège de la commune et qu'il soit impossible de la notifier régulièrement, la réquisition peut être adressée directement par l'autorité militaire aux habitants.

Dans le cas de refus de la municipalité (art. 21),

le maire, ou celui qui en fait fonction, peut être condamné à une amende de 25 à 500 francs. Si le fait provient du mauvais vouloir des habitants, le service des réquisitions est assuré au besoin par la force. — En temps de guerre, quiconque abandonne le service pour lequel il est requis, est traduit devant le conseil de guerre, et peut être condamné à la peine de l'emprisonnement de six jours à cinq ans, dans les termes de l'article 194 du Code de justice militaire.

Les ordres de réquisition sont détachés d'un carnet à souche qui est remis à cet effet entre les mains des officiers appelés à exercer les réquisitions. — Il est toujours donné reçu des réquisitions ou prestations fournies. — L'officier chargé de requérir doit, immédiatement après avoir accompli sa mission, remettre son carnet d'ordres de réquisition à son chef de corps ou de service, qui le fait parvenir à la commission chargée du règlement des indemnités.

Si le maire déclare que les quantités requises excèdent les ressources de la commune, il doit d'abord livrer toutes les prestations qu'il lui est possible de fournir. L'autorité militaire peut toujours, dans ce cas, faire procéder à des vérifications. Lorsque celle-ci trouve des denrées qui ont été indûment refusées, elle s'en empare, même par la force, et signale le fait à l'autorité judiciaire (art. 37 du décret du 2 août 1877).

Ne sont pas considérées comme prestations disponibles, ou comme fournitures susceptibles d'être réquisitionnées :

1º Les vivres destinés à l'alimentation d'une famille et ne dépassant pas sa consommation pendant trois jours ;

2º Les grains ou autres denrées alimentaires qui se trouvent dans un établissement agricole, industriel ou autre, et ne dépassant pas la consommation de huit jours ;

3º Les fourrages qui se trouvent chez un cultivateur et ne dépassent pas la consommation de quinze jours (art. 38, *id.*).

Lorsque le maire reçoit une réquisition, il convoque, sauf le cas d'extrême urgence, deux des membres du conseil municipal et deux des plus imposés dans l'ordre du tableau, en laissant de côté ceux qui habitent loin du centre de la commune.

Quel que soit le nombre des personnes qui répondent à la convocation du maire, celui-ci procède, seul ou avec les membres présents, à la répartition des réquisitions, et ses décisions sont exécutoires sans appel (art. 39, *id.*).

S'il y a lieu de requérir à la prestation d'un habitant absent et non représenté, le maire peut, au besoin, faire ouvrir la porte de vive force et faire procéder d'office à la livraison des fournitures requises.

Dans ce cas, il requiert deux témoins d'assister à l'ouverture et à la fermeture des locaux, ainsi qu'à l'enlèvement des objets ; il dresse un procès-verbal de ces opérations (art. 40, *id.*).

Le maire fait procéder, en sa présence ou en présence d'un délégué, à la remise aux parties prenantes des fournitures requises, et s'en fait donner reçu.

Il tient registre des prestations fournies par chaque habitant, il délivre des reçus aux prestataires (art. 41, *id.*).

Si une personne requise d'un service personnel abandonne son poste, l'officier qui constate cet abandon prévient immédiatement le procureur de la République du domicile du délinquant, en lui faisant connaître le nom de ce dernier et son domicile. Dans le cas de guerre, la plainte est adressée à l'autorité militaire compétente (art. 42, *idem*).

Un état de tous les logements, établissements, écuries, etc., qui peuvent être employés pour le logement ou le cantonnement des troupes, est dressé par le soin des municipalités. — Cet état est revisé par l'autorité militaire à certaines époques fixées par le ministre de la guerre.

Les officiers appelés à requérir le logement ou le cantonnement doivent consulter cet état et ne réclamer dans chaque commune le logement ou le cantonnement que pour un nombre d'hommes et d'animaux inférieur ou, au plus, égal à celui qui est indiqué par lesdits tableaux.

Lorsque les troupes sont logées chez l'habitant et que celui-ci est requis de leur fournir la nourriture, il ne peut exiger une nourriture supérieure à l'ordinaire de l'individu requis (art. 12 du décret du 2 août 1877).

L'officier commandant un détachement qui réquisitionne dans une commune des fournitures en vivres, denrées ou fourrages, doit mentionner sur la réquisition la quantité de rations requises et la quotité de la ration réglementaire (art. 13, *id.*).

Quand il y a lieu de requérir des chevaux, voitures ou harnais pour des transports qui doivent amener un déplacement de plus de cinq jours avant le retour des chevaux, voitures, etc., il est procédé, avant la prise de possession, à une estimation contradictoire faite par l'officier requérant et le maire (art. 14, *id.*).

Toutes les fois qu'il est fait une réquisition d'outils, matériaux, machines, bateaux, embarcations, en dehors des eaux maritimes, etc., pour une durée de plus de huit jours, il est procédé, avant l'enlèvement desdits objets, à une estimation faite contradictoirement par l'officier requérant et le maire de la commune. S'il est, plus tard, restitué tout ou partie desdits objets, procès-verbal est dressé de cette restitution, ainsi que des détériorations subies, et mention en est faite sur le reçu

10.

primitivement délivré, auquel le procès-verbal est annexé.

Si la réquisition de moulins a pour objet d'en attribuer temporairement à l'autorité militaire l'usage exclusif, il est procédé, avant et après la prise de possession, à une constatation sommaire par l'officier requérant et le maire de la commune (art. 18, *id.*).

Les chefs de détachements qui requièrent des guides ou conducteurs pour accompagner les troupes doivent pourvoir à leur nourriture ainsi qu'à celle des chevaux, comme s'ils faisaient partie de leur détachement, pendant toute la durée de la réquisition (art. 19, *id.*).

Les guides, les messagers, les conducteurs et les ouvriers qui sont l'objet de réquisitions, reçoivent, à l'expiration de leur mission, un certificat qui en constate l'exécution, et qui est délivré, pour les guides, par les commandants de détachements ; pour les messagers, par les destinataires ; pour les conducteurs, par les chefs de convois, et pour les ouvriers, par les chefs de service compétents (art. 20, *id.*).

Lorsqu'il y a lieu de requérir le traitement de malades ou blessés, les maires fournissent des locaux spéciaux pour le traitement desdits malades ou blessés, et, à défaut de locaux spéciaux, les répartissent chez les habitants ; mais s'il s'agit de maladies contagieuses, ils doivent pourvoir aux soins à donner dans des bâtiments où les malades puissent être séparés de la population, et qui, au besoin, sont requis à cet effet.

En cas d'extrême urgence, et seulement sur des points éloignés du centre de la commune, l'autorité militaire peut requérir directement des habitants le soin des malades ou des blessés ; mais cette réquisition, faite directement, ne peut jamais s'appliquer à des malades atteints de maladies contagieuses (art. 21, *id.*).

Si des communes ou des habitants sont requis de recevoir des malades ou des blessés, et si ces derniers ne peuvent pas être soignés par les médecins de l'armée, les visites des médecins civils peuvent donner droit à une indemnité spéciale.

Cette indemnité est fixée par la commission d'évaluation, sur la note du médecin, certifiée par l'habitant qui a logé le malade ou le blessé, ou, si faire se peut, par ce dernier lui-même, et visée par le maire de la commune (art. 22, *id.*).

La loi française du 3 juillet 1877, dont nous venons de donner le résumé, étudiée, discutée et élaborée avec la compétence que donnait aux législateurs l'expérience de guerres récentes, semble devoir servir de base, sinon dans son application littérale, au moins dans son essence, puisque dans la guerre il faut toujours tenir compte du droit de

nécessité, à la réglementation du régime des réquisitions en campagne.

Cette réglementation des réquisitions s'impose
du reste aux armées comme une garantie de discipline, et par conséquent de force morale.

Les ordres généraux de tous les commandants
en chef publiés dans les comptes rendus des dernières guerres en font foi, et on ne saurait nier
qu'il y a dans cette alliance obligatoire et raisonnée du droit de la force une manifestation éclatante
qui témoigne des grands progrès faits par le
droit des gens.

L'Institut de droit international a établi les
règles relatives au respect dû aux propriétés privées et à l'exercice du droit de réquisition en
temps de guerre, dans les quelques paragraphes
ci-après, qui seront, toujours sous la réserve du
droit de nécessité de la guerre, le meilleur résumé
que nous puissions faire de ce chapitre (1).

La propriété privée individuelle ou collective
doit être respectée et ne peut être confisquée, sous
réserve des dispositions contenues dans les articles
suivants :

Les moyens de transport (chemins de fer, ba-

(1) Articles 54 à 60. Extrait du Manuel publié par l'Institut de
droit international. Bruxelles, Muquart, édit. 1880.

teaux, etc.), les télégraphes, les dépôts d'armes et de munitions de guerre, quoique appartenant à des sociétés ou à des particuliers, peuvent être saisis par l'occupant ; mais ils doivent être restitués si possible, et les indemnités réglées à la paix.

Les prestations en nature (réquisitions) réclamées des communes ou des habitants doivent être en rapport avec les nécessités de la guerre généralement reconnues, et en proportion avec les ressources du pays. — Les réquisitions ne peuvent être faites qu'avec l'autorisation du commandant dans la localité occupée.

L'occupant ne peut prélever, en fait de redevances et d'impôts, que ceux déjà établis au profit de l'État. Il les emploie à pourvoir aux frais de l'administration du pays, dans la mesure où le gouvernement légal y était obligé.

L'occupant ne peut prélever des contributions extraordinaires en argent que comme équivalent d'amendes ou d'impôts non payés ou de prestations non livrées en nature. Les contributions en argent ne peuvent être imposées que sur l'ordre et sous la responsabilité du général en chef ou de l'autorité civile supérieure établie dans le territoire occupé, autant que possible d'après les règles de la répartition et de l'assiette des impôts en vigueur.

Dans la répartition des charges relatives au logement des troupes et aux contributions de guerre, il est tenu compte aux habitants du zèle charitable déployé par eux envers les blessés.

Les prestations en nature, quand elles ne sont pas payées comptant, et les contributions de guerre, sont constatées par des quittances. — Des mesures doivent être prises pour assurer le caractère sérieux et la régularité de ces quittances.

CHAPITRE VI

DE LA FIN DE LA GUERRE.

Des propositions de paix et des négociations auxquelles elles peuvent donner lieu. — Traités de paix ; leurs clauses générales ; leurs conséquences. — Garanties d'exécution. — De la conquête. — Sanction de la guerre. — Résumé.

La guerre, avons-nous dit, éclate lorsque, les règles du droit des gens du temps de paix étant méconnues, mal interprétées ou insuffisantes pour trancher les conflits qui s'élèvent entre les nations, les peuples n'ont plus d'autre moyen que de recourir à la lutte armée pour savoir lequel d'entre eux, étant le plus fort, pourra, en raison de sa force, imposer sa volonté aux autres. Nous avons cherché à démontrer en même temps que la force dont la guerre consacre le succès n'est pas purement matérielle ; qu'elle représente la vitalité morale, physiologique, des nations ; qu'elle n'est plus la résultante d'un ensemble de faits brutaux, mais bien de l'union intelligente de la force physique à la force morale, dont elle n'est même que la conséquence.

La guerre se termine quand ce droit du plus fort, ainsi défini, est consacré par les événements c'est-à-dire par la victoire. Vaincre ou mourir est la belle devise de tout soldat, c'est la fière conclusion de ces grands mots : Honneur et Patrie, inscrits sur nos étendards ; mais si les individualités combattantes ont le devoir absolu de donner jusqu'à la dernière goutte de leur sang pour la gloire de la patrie, la civilisation interdit aujourd'hui aux États de continuer inutilement une guerre dont la prolongation ne peut devenir que de plus en plus désastreuse pour chacun d'eux.

« La guerre, dans sa signification politique, est un conflit entre nations ou puissances opposées, dont l'une veut imposer à l'autre sa volonté. Son essence militaire consiste dans le choc. — Ce choc peut se produire réellement ; parfois il n'a lieu en quelque sorte que mentalement, alors que les parties belligérantes, après avoir calculé les conséquences probables de la rencontre réelle, conviennent de l'éviter et font la paix suivant certaines conditions dérivant du calcul des probabilités. — La guerre, considérée dans son sens extrême, est la destruction de la puissance militaire de l'ennemi, c'est-à-dire de son armée, de ses ressources pour la lutte. — Dans la vie réelle et dans la pratique, rarement la guerre atteint ce caractère extrême et violent. Les limites imposées par le but politique à l'action par les armes, l'instinct de la conservation, qui n'abandonne jamais l'homme, modèrent cette fougue destructive. De même qu'avec la civilisation se développe le sentiment de l'humanité, d'une façon identique se restreint également le champ de l'action destructive, qui, dans l'origine des sociétés, ne savait faire grâce à rien. Aujourd'hui, la guerre tend à se renfermer dans l'action des armées et à exclure tout procédé brutal qui ne soit pas absolument indispensable pour l'obtention du but militaire et politique... L'action du progrès sur la guerre doit être de diminuer leur fréquence et d'amoindrir leur durée (1).

La guerre à outrance ne peut plus être de nos temps. Si le principe qui la dicte est d'une vraie grandeur lorsque des sentiments chevaleresques l'inspirent; si elle a dans des cas, exceptionnels de nos jours, sa glorieuse raison d'être, ces cas sont trop rares pour devenir une règle; ils ne sont qu'une exception à la règle que la raison et le droit des gens ont établie; autrement nous en reviendrions à l'état de barbarie, la guerre sans frein serait chose horrible, et, selon l'expression de Bossuet, « ferait croire à une lutte contre quelque bête farouche ou quelque monstre étrange ennemi du genre humain ».

Il n'est donc plus regardé comme déshonorant pour le vaincu de s'incliner devant la supériorité de son adversaire et de donner satisfaction à ses

(1) *La guerre et son histoire*, par le colonel Marselli, de l'état-major de l'armée italienne. Trad. de M. le cap. de Sérignan.

11

demandes dans la mesure de la faiblesse dans laquelle il se reconnaît après que tous les moyens de défense ont été épuisés.

Suivant la manière dont elles sont engagées, toutes les négociations faites en vue de la paix peuvent être classées dans une des trois catégories ci-après :

1º Les négociations ont lieu, sans intermédiaire, entre les deux adversaires ;

2º Elles sont *présentées* par une tierce puissance qui désire amener par voie de conciliation un rapprochement entre les États en guerre ;

3º Elles sont *imposées* par un ou plusieurs États.

Les conséquences de la guerre peuvent amener un trouble en effet dans la situation particulière des pays mêmes qui ne prennent pas part à la guerre et dans l'équilibre général des nations.

Ces États se trouvent, par cela même, le droit d'intervenir dans la lutte et d'appuyer leur intervention d'une démonstration militaire. C'est ce qu'on appelle la médiation armée.

Quelles que soient les formes dans lesquelles les négociations en vue de la paix sont présentées, elles aboutissent généralement aux préliminaires de paix et à la cessation, au moins temporaire, des hostilités, en vertu d'un armistice.

Nous ne reviendrons pas sur ce que nous avons dit dans un précédent chapitre au sujet de l'armistice et de ses conséquences immédiates ; nous ajouterons cependant que lorsqu'il est conclu en vue d'une paix indispensable, ses clauses et ses conditions puisent par cela même dans leur but et leur application une sorte de détente morale qui est un premier symptôme du retour à l'état du droit des gens du temps de paix.

Les préliminaires de paix étant la conséquence du résultat du choc des deux armées, sont établis d'après leurs forces relatives au moment où ils sont entrepris, ainsi que d'après la valeur des puissances qui pourraient entrer en lutte, en cas de médiation armée, pour appuyer ou défendre les prétentions de l'un ou l'autre des partis ; les négociateurs n'ont d'autre objet que d'établir le droit du plus fort ; ils sont encore placés sous le régime du droit des gens du temps de guerre. Dans le traité, au contraire, qui est le premier acte de la paix, les négociations sont déjà placées sous le régime du droit des gens du temps de paix. C'est le canon qui dicte les préliminaires, c'est l'art des diplomates qui fait les traités.

Il y a dans chaque traité de paix des clauses générales qui sont communes à tous les traités de paix, et des clauses spéciales à ce traité. Ces dernières peuvent varier à l'infini.

Les clauses générales peuvent au contraire se résumer dans les points suivants :

1º Abandon de la part du vaincu de tout ou partie de ses prétentions. — Cet abandon constitue la raison d'être primordiale de tout traité de paix, conséquence d'une guerre sérieusement entreprise. L'admission du *statu quo ante bellum* serait en effet la démonstration de l'incapacité politique des auteurs de la guerre et la démonstration de son inutilité ;

2º Cessation absolue de toutes les opérations de guerre et des actes qui s'y rapportent. — De même que la déclaration de guerre, a pour but de faire connaître que les conséquences naturelles de l'état de guerre vont se produire, de même le traité de paix, en constatant que la guerre a cessé, annonce que les conséquences naturelles de la paix vont reprendre leur cours ; l'État reprend son action légitime, la constitution politique recouvre son autorité, la loi nationale son application. Les actes que l'envahisseur accomplissait en vertu des nécessités de la guerre s'arrêtent, leurs conséquences sont anéanties.

3º Cessation des poursuites qui auraient été dirigées contre les habitants des pays envahis coupables de faits de guerre contre l'envahisseur.

Ces actes, délictueux au point de vue de la guerre, et dont la répression était nécessaire pour assurer la sécurité de l'armée, n'ont par eux-mêmes en effet aucun caractère attentatoire aux règles du droit commun; ce sont presque toujours, même, des manifestations d'un sentiment honorable de révolte contre l'agresseur, qu'il est du droit du vainqueur de réprimer, mais dont les conséquences et les punitions disparaissent avec les causes qui les ont produites, c'est-à-dire avec la guerre elle-même.

Cette cessation des poursuites ne saurait évidemment s'appliquer aux crimes ou délits de droit commun : ceux-là continuent à être poursuivis suivant les règles du droit des gens du temps de paix. A moins de clause contraire, les justiciables sont rendus à la juridiction du pays auquel ils appartiennent.

4° Libération des prisonniers de guerre.

La captivité à laquelle sont soumis les prisonniers de guerre n'est en effet ni un acte de vengeance, ni une peine à durée fixe; c'est simplement un séquestre temporaire qui les met hors d'état de reprendre part à la lutte.

Les motifs qui légitiment la détention de l'ennemi cessent donc d'exister de droit après la conclusion de la paix. Toutefois les conditions de leur rapatriement sont réglées dans un intérêt d'ordre public, d'un commun accord entre les belligérants.

Les peines disciplinaires qui auraient pu être prononcées contre quelques-uns d'entre eux pour faits relatifs à leur situation même de prisonniers de guerre, telles que : actes d'insubordination, tentatives d'évasion, etc., sont de droit amnistiées par la conclusion de la paix. Il n'en est pas de même, bien entendu, des condamnations qui auraient pu être prononcées contre eux pour délits ou crimes du droit commun. Dans ce cas les coupables rentrent, à la conclusion de la paix, dans la condition des condamnés en temps de paix, et leur situation est réglée d'après les conventions intervenues au point de vue de ces sortes de délits ou de crimes envers les nations en présence. Ces conventions peuvent être du reste modifiées par un article du traité de paix et leur être rendues applicables.

5° Évacuation immédiate ou progressive du territoire envahi, ou sa conquête.

L'occupation d'une partie du territoire du vaincu est la plus ordinaire des garanties stipulées pour l'exécution des traités de paix. Suivant les circonstances, cette occupation est plus ou moins étendue, plus ou moins durable, plus ou moins onéreuse à l'état occupé ; « dans tous les cas, elle se distingue entièrement de l'occupation qui avait lieu pendant la guerre. L'État occupant était alors envahisseur ; il n'avait aucun droit, ni sur le territoire, ni sur les habitants ; son pouvoir ne reposait que sur la force ; cette occupation se réglait d'après les coutumes de la guerre et subissait les nécessités de la guerre. L'occupation qui a lieu en temps de paix résulte du traité, et par conséquent repose sur son droit ; l'occupant est un étranger et non un ennemi ; son pouvoir est limité et déterminé par une convention ; il se règle non d'après le régime de la guerre, qui repose sur la nécessité, mais d'après le régime du droit des gens en temps de paix, qui repose sur le respect des devoirs, des droits et des intérêts respectifs des États (1). »

Lorsque le traité de paix consacre la victoire par la mise en possession définitive entre les mains du vainqueur de tout ou portion du territoire envahi, il y a conquête. Si le traité donne au vainqueur la souveraine propriété d'un territoire non envahi, il y a simple cession, mais dans le langage ordinaire on confond généralement sous la dénomination de conquête tout accroissement du territoire national par suite de lutte armée.

Par l'acte de cession, c'est-à-dire par le traité de paix, le vaincu renonce au profit du vainqueur à tout droit de souveraineté sur les personnes et les choses du territoire cédé. Ce territoire devient partie intégrante de la nation victorieuse, et par cela même est soumis, ainsi que les populations qui l'habitent, dès le moment de la cession, à toutes ses lois et coutumes, sauf conventions spéciales et généralement temporaires.

(1) Funck-Brentano et Albert Sorel, *Précis du droit des gens.*

Dans les siècles passés et surtout dans les premières époques de l'histoire, la conquête était pour ainsi dire le seul but de la guerre..

Elle était presque toujours une nécessité; on peut dire qu'elle fut même alors une bienfaisante nécessité; car c'est par l'épée que la civilisation s'est étendue et affirmée.

Mais, par suite du développement de la civilisation et des facilités qu'elle a pour se répandre pacifiquement, grâce aux puissants moyens de communication, les conquêtes perdent chaque jour de leur caractère civilisateur et ont dès lors moins de raison d'être.

Le droit de conquête est, selon l'expression de Montesquieu, « un droit malheureux qui laisse toujours à payer une dette immense ». Une conquête qui n'est pas basée sur un droit fermement établi, une conquête qui s'opère sans le consentement collectif et librement exprimé des populations auxquelles on propose de changer de nationalité, cette conquête devient promptement une charge redoutable pour le conquérant, et ne tarde pas à être la cause de luttes nouvelles.

Pour qu'une paix soit durable, il faut qu'elle soit honnête et juste; si elle est injuste, inhumaine, elle donne naissance à de nouveaux conflits. *Si bonam dederitis, fidam et perpetuam; si malam, haud diuturnam.*

La violation du traité de paix est en quelque

sorte justifiée alors par la contrainte dans laquelle se trouve la nation vaincue au moment de l'acceptation.

« En réalité, la souveraineté du conquérant ne se fond et ne devient un droit que quand les populations conquises sont assez assimilées aux nations conquérantes pour former avec elles une seule nation..... Si la conquête est telle que la souveraineté de droit ne puisse se fonder, le vainqueur n'a d'autre moyen que la force pour conserver les résultats acquis par la force seule. Il en use, et, loin d'assimiler les populations conquises, il les irrite et les exaspère. L'effort auquel il est contraint pour conserver sa conquête fatigue à la longue ses propres sujets ; ils se plaignent, s'agitent, et la conquête non seulement ne fonde pas un droit nouveau, mais ébranle les droits anciens de l'État. Pour remédier à ce mal, l'État se lance dans de nouvelles entreprises, et cherche dans des conquêtes nouvelles un remède aux difficultés qui l'embarrassent. Il répand ainsi ses forces et les dissipe ; il s'affaiblit en même temps qu'il augmente le nombre des mécontents ; il prépare la révolte à l'intérieur de ses frontières en même temps qu'il provoque à la guerre les États voisins. La ruine de l'État est toujours la conséquence des conquêtes abusives (1). »

(1) Funck-Brentano et Albert Sorel, *Précis du droit des gens.*

11.

Je terminerai ici ce rapide exposé des préceptes qui forment la base du droit des gens moderne dans ses applications à la guerre.

Je me suis efforcé d'écarter de ce travail les questions brûlantes que peuvent soulever certains points dont la solution est encore indécise, et je me suis appliqué à ne donner que les règles qui sont admises aujourd'hui sans conteste par les nations civilisées.

La guerre, ancienne comme le monde, ne s'éteindra sans doute qu'avec lui; mais un examen attentif et scientifique de l'histoire nous montre que ce terrible fléau est un rouage indispensable, à la marche du monde, qu'il est tout à la fois la conséquence et la cause de son développement physique, intellectuel et moral, et que dès lors on ne saurait la rejeter absolument dans le domaine de la barbarie. La civilisation et la guerre sont deux forces étrangères l'une à l'autre, mais non point tellement contraires que l'une soit la négative de l'autre; l'une et l'autre s'unissent pour pousser les peuples dans la voie du progrès.

La guerre est la crise qui termine une maladie sociale préexistante, et elle nous apparaît comme un phénomène essentiel ayant sa racine dans la nature humaine, son aliment dans la vitalité ardente de cette nature, sa raison d'être dans le progrès successif de la civilisation.

« Quand apparaît un principe nouveau à affirmer, une cause essentielle et générale à défendre, un besoin demandant impérieusement satisfaction, on voit toujours se lever l'élément nouveau contre celui qui l'a précédé ; la lutte commence..... Et maintenant si chaque étape dans le chemin de la civilisation est soulignée par une grande guerre historique, si le progrès est sanctionné par les batailles, si la liberté et l'indépendance sont conquises au prix du sang, si les guerres ont multiplié les rapports entre les peuples, si dans le règne moral comme dans le domaine physique les chocs violents se transforment en chaleur vitale, et si rapidement que nous ayons pu voir au lendemain d'une guerre les natures les plus épuisées et les plus en décadence se relever vigoureusement, épurer leur sang corrompu, reprendre leur rang dans le travail social, et absorber les idées nouvelles avec une rapidité d'autant plus prodigieuse que plus grande était auparavant leur force d'activité ou d'obéissance passive ; si tout cela est vrai, comme c'est incontestable, alors nous avons le droit de dire : La cessation absolue de l'état de guerre dans le monde se traduirait par un arrêt dans la marche de la civilisation (1). »

(1) Colonel Marselli : *La guerre et son histoire,* trad. du capitaine de Serignan.

Si maintenant, la nécessité de la guerre étant admise, nous nous reportons par la pensée à ce qu'étaient les guerres dans l'antiquité, à ce qu'elles étaient au moyen âge, et même aux débuts de ce siècle, et si nous voulons bien établir un parallèle entre leurs horreurs d'alors et leurs conséquences d'aujourd'hui, nous serons forcés de reconnaître dans l'adoucissement des mœurs de la guerre le résultat des progrès du droit des gens.

Dans les premiers âges du monde, les guerres sont faites « pour vivre », combattues comme il fallait les combattre dans un état de société rudimentaire et presque bestial.

Peu à peu les peuplades se groupent, les nations se forment, et de la guerre elle-même naissent les premiers principes du droit. Les hostilités ne commencent plus sans discussion préalable, les traités de paix sont solennellement conclus, les alliances offensives et défensives s'établissent. L'extermination complète des populations ennemies, les dévastations du pays, le massacre des prisonniers et des blessés, qui étaient dans l'origine des sociétés la consécration de la victoire, disparaissent pour faire place, sinon à l'assimilation, du moins à la soumission rude encore, mais moins sanguinaire, des peuples vaincus au peuple vainqueur par droit de conquête.

Rome crée une législation nouvelle à l'usage

des peuples conquis, et si elle continue à s'attribuer sur eux les droits les plus absolus, *adversus hostem æterna auctoritas*, elle les préserve déjà, au moins en règle générale, d'une destruction complète.

Le christianisme, en élevant l'âme des hommes vers un idéal placé au delà de ce monde, apporte ensuite par ses doctrines un adoucissement considérable aux mœurs des nations, et modifie profondément leurs rapports entre elles.

Cependant, bien que suivant les préceptes d'une même religion, les peuples les interprétèrent longtemps encore suivant leurs mœurs et leurs intérêts particuliers; ne pouvant comprendre ce qu'il y a d'universellement grand dans l'idéal chrétien, ils abaissent pendant plusieurs siècles, chacun à leur niveau, la religion chrétienne, et c'est pourquoi les guerres terribles qui ensanglantèrent le moyen âge ne le cèdent que fort peu en atrocités aux luttes des premiers peuples.

Si la reddition des vaincus en esclavage n'existe plus, si le carnage ne dépasse plus le terrain de bataille, sur ce terrain du moins le pillage, le sac des villes, l'égorgement des femmes, des enfants, des vieillards, la rançon des prisonniers, demeurent encore dans les coutumes de la guerre.

Mais on voit cependant une certaine puissance morale planer au-dessus de cette société grossière; les germes qu'y a jetés la religion du Christ s'y développent et propagent peu à peu les sentiments d'équité, et d'humanité.

Avec la chevalerie la notion du droit et du devoir s'affirme, le respect au serment donné, la protection des faibles, toutes les idées grandes et généreuses qui font de la carrière du soldat la plus noble des carrières, prennent naissance; ce ne sont encore que des principes plutôt que des faits, mais ces principes sont vigoureux et forts, ils s'implanteront bientôt dans tous les cœurs, et ne tarderont pas à s'étendre des individus aux nations.

C'est au XVIIe siècle que revient la gloire d'avoir établi sur des bases indiscutables le principe du respect réciproque des devoirs, des droits et des intérêts de l'État; la conception d'un ordre européen supérieur à l'ordre particulier de chaque peuple commence à pénétrer dans la politique, et sous la forme du système de l'équilibre elle tend à diriger la conduite des nations.

Grotius apparaît alors, et résume dans son *Traité du droit de la guerre et de la paix* les meilleures maximes du droit tirées des enseignements de l'histoire. Le droit des gens moderne est établi; depuis ses progrès sont constants. La guerre n'a plus d'action que sur les gouvernements et leurs forces armées; les particuliers sont respectés dans leurs personnes, dans leurs biens; les blessés sont soignés par les ambulances internationales; les prisonniers de guerre ne sont l'objet d'aucune peine corporelle; les actes de guerre n'ont plus d'autre cruauté que celle résultant de la nécessité même de la guerre. Les guerres deviennent plus rares et moins longues, l'arbitrage international règle le plus grand nombre des conflits.

Ce développement historique du droit international suivant pas à pas la marche de l'esprit humain est, par l'affirmation de sa vitalité, la meilleure preuve de sa force et, partant, doit nous donner confiance dans son avenir.

TABLE DES MATIÈRES

CHAPITRE I.

DU DROIT DES GENS.

CHAPITRE II.

DU PASSAGE DE L'ÉTAT DE PAIX A L'ÉTAT DE GUERRE ET DE SES EFFETS DIVERS ET IMMÉDIATS A L'ÉGARD DES PARTICULIERS.

CHAPITRE III.

DES RELATIONS HOSTILES DES BELLIGÉRANTS ENTRE EUX.

CHAPITRE IV.

DES CONVENTIONS ENTRE BELLIGÉRANTS.

CHAPITRE V.

DES RELATIONS ENTRE LES BELLIGÉRANTS ET LA POPULATION CIVILE.

CHAPITRE VI.

DE LA FIN DE LA GUERRE.

Paris. — Imprimerie L. Baudoin et Cᵉ, rue Christine. 2.

9 782019 989026